T0209053

essentials

essentials liefern aktuelles Wissen in konzentrierter Form. Die Essenz dessen, worauf es als „State-of-the-Art" in der gegenwärtigen Fachdiskussion oder in der Praxis ankommt. *essentials* informieren schnell, unkompliziert und verständlich

- als Einführung in ein aktuelles Thema aus Ihrem Fachgebiet
- als Einstieg in ein für Sie noch unbekanntes Themenfeld
- als Einblick, um zum Thema mitreden zu können

Die Bücher in elektronischer und gedruckter Form bringen das Fachwissen von Springerautor*innen kompakt zur Darstellung. Sie sind besonders für die Nutzung als eBook auf Tablet-PCs, eBook-Readern und Smartphones geeignet. *essentials* sind Wissensbausteine aus den Wirtschafts-, Sozial- und Geisteswissenschaften, aus Technik und Naturwissenschaften sowie aus Medizin, Psychologie und Gesundheitsberufen. Von renommierten Autor*innen aller Springer-Verlagsmarken.

Detlef Altenbeck · Stefan Luppold

Inszenierung und Dramaturgie für gelungene Events

2. Auflage

Detlef Altenbeck
marbet Marion & Bettina Würth
GmbH & Co
Schwäbisch Hall, Deutschland

Stefan Luppold
Duale Hochschule Baden-Württemberg
Ravensburg, Deutschland

ISSN 2197-6708   ISSN 2197-6716 (electronic)
essentials
ISBN 978-3-658-40355-3   ISBN 978-3-658-40356-0 (eBook)
https://doi.org/10.1007/978-3-658-40356-0

Die Deutsche Nationalbibliothek verzeichnet diese Publikation in der Deutschen Nationalbibliografie; detaillierte bibliografische Daten sind im Internet über http://dnb.d-nb.de abrufbar.

Planung/Lektorat: Rolf-Günther Hobbeling
Springer Gabler ist ein Imprint der eingetragenen Gesellschaft Springer Fachmedien Wiesbaden GmbH und ist ein Teil von Springer Nature.
Die Anschrift der Gesellschaft ist: Abraham-Lincoln-Str. 46, 65189 Wiesbaden, Germany

Was Sie in diesem *essential* finden können

- Einführung in die Themen Inszenierung, Dramaturgie und Storytelling
- Erläuterung von relevanten Gestaltungsfaktoren
- Neuer Blick auf tatsächliche Wirkungselemente
- Begriffsklärung für ein ganzheitliches Verständnis
- Relevante Handlungsfelder mit historischen Grundlagen
- Einladung zu einem adäquaten Umgang mit Inszenierung und Dramaturgie
- Relevante Literatur

Inhaltsverzeichnis

Es war einmal... – Prolog

„Es war einmal vor langer Zeit in einer weit, weit entfernten Galaxis...", so lautet der erste Satz aller Filme der Star Wars-Saga. Der Satz steht geschrieben, kurz bevor die berühmte Titelmusik von John Williams erklingt. „Es war einmal..." ist eine typische Einleitungsphrase für Sagen, Märchen und Legenden, ein beliebter Einstieg in Geschichten. Er soll direkt Spannung und Aufmerksamkeit erzeugen und unser Gehirn aus dem Ruhezustand wecken, so auch hier und jetzt. Also, fangen wir an: Es war einmal ...

Es war einmal ein Gott. Der hieß Dionysos und war der Gott des Weines und der Ekstase. Kein anderer griechischer Gott war bei den Menschen so beliebt wie er. Ihm zu Ehren veranstalteten Menschen Festspiele mit Gesang, Tanz und religiöse Opferriten. Die szenischen Darstellungen in Aufführungen sind der Anfang dessen, was wir heute Theater nennen. Das „Theatron" war der Schauplatz der Bürger Athens. Einmal im Jahr trafen sie sich an aufeinanderfolgenden Tagen, um Dionysos zu huldigen, um zu feiern, essen, trinken, musizieren, singen, tanzen und um aktuelle Themen der Stadtgesellschaft zu verhandeln. Es wurden Geschichten erzählt, die von Menschen und Göttern, Macht und Ohnmacht, Mut und Angst, Stärke und Schwäche, Liebe und Hass, Treue und Betrug, Krieg und Frieden, Leben und Tod handelten. Die klassischen Dramen von Aischylos, Sophokles und Euripides wurden dort erstmals aufgeführt. Das ursprüngliche Theater war ein Fest der Sinne. Vom Theater, der Schaubühne als moralische Anstalt des Bildungsbürgertums und Instrument der Aufklärung sprach erst Friedrich Schiller, Ende des 18. Jahrhunderts. Dessen Vorstellung prägt bis heute das Theater in Deutschland.

Dionysos zu Ehren wurde vor rund 2500 Jahren das Dionysostheater als Teil der Akropolis in Athen erbaut (Abb. 1.1). Ein Freilufttheater mit 78 Sitzreihen für rund 17.000 Zuschauer. Es ist die Geburtsstätte des Theaters der griechischen Antike und gilt als Prototyp des Theaters überhaupt, damit als

© Springer Fachmedien Wiesbaden GmbH, ein Teil von Springer Nature 2023
D. Altenbeck und S. Luppold, *Inszenierung und Dramaturgie für gelungene Events*,
essentials, https://doi.org/10.1007/978-3-658-40356-0_1

Abb. 1.1 Das Dionysostheater in Athen. (Quelle: www.fotocommunity.de)

der Ur-Veranstaltungsort, der Ort des ersten Events (Die religiösen Feste der alten Ägypter mit ihren theatralischen Elementen lassen wir hier unter den Tisch fallen.).

Die Minimalformel von Theater bringt der Regisseur Peter Brook in seinem Buch ‚Der leere Raum' auf den Punkt. „Ein Mann geht durch den Raum, während ein anderer ihm zusieht. Das ist alles, was zu einer Theaterhandlung notwendig ist" (Brook 2009). Der Mann kann natürlich auch eine Frau oder divers sein. A spielt B etwas vor und beide haben währenddessen ein Bewusstsein für ihre Rolle als Spieler und Zuschauer. Zum Theater gehören also immer mindestens ein Akteur und ein Zuschauer, der die Aufführung durch Zustimmung oder Ablehnung beeinflussen kann. Nicht so bei einer digitalen Aufführung, was ein Problem ist. Im optimalen Fall begegnen sich Spieler A und Zuschauer B im Hier und Jetzt, live im gleichen Raum. Ohne Publikum gibt es kein Theater. Zwischen A und B besteht eine Wechselwirkung. Der Akteur auf einer Bühne sieht das gelangweilte oder erleuchtete Gesicht des Zuschauers, hört sein Lachen, Weinen, Husten, Schnarchen, spürt, wenn er vor Spannung die Luft anhält, aufmerksam und „dran" am Geschehen auf der Bühne ist. Diese Schwingungen spornen den Akteur an oder eben auch nicht. Vom Dramatiker Oscar Wilde stammt der schöne

Satz: „Das Theaterstück war ein großer Erfolg. Nur das Publikum ist durchgefallen." Eine gelungene Veranstaltung ist keine Einbahnstraße, sie ist immer auch auf gute Teilnehmer angewiesen.

Theater oder Bühne – diese Begriffe finden sich auch in der von Pine und Gilmore im Jahr 1998 in einer (ersten) Veröffentlichung beschriebenen „Experience Economy". In dem gleichnamigen Fachbuch, das ein Jahr später erschienen ist, lautet der Untertitel: „Work is Theatre & Every Business a Stage". Die Regeln und Gesetze, die vor ca. 2500 Jahren im griechischen Theater entstanden, gelten auch heute noch im Theater und bei Events. Für uns persönlich macht es keinen gravierenden Unterschied, ob wir eine Konferenz oder Tagung, einen mehrtägigen Kongress, einen Jubiläumsfestakt, eine Tragödie von Shakespeare oder eine Oper von Mozart inszenieren, das Handwerk ist (fast) das gleiche. Die inhaltliche, dramaturgische und inszenatorische Erarbeitung folgt den gleichen Regeln und Gesetzen. Die Antwort auf die Frage, wie etwas wirkt und funktioniert, von A nach B gesendet werden kann, „über die Bühne geht" und „rüberkommt", gilt hier wie dort.

Um die wesentlichen Punkte, die Essenz dessen geht es in diesem *essential*. Um Fragen des Rechts, der Sicherheit, der Organisation und der Logistik eines Events geht es hier nicht. An dieser Stelle verweisen wir auf andere Fachbücher; einige davon haben wir exemplarisch im Literaturverzeichnis aufgeführt. Die Einteilung des *essentials* orientiert sich am klassischen Theater. Prolog und Epilog bilden den Rahmen. Der Prolog, das Vorwort, erläutert die Intention des Buches. Das passiert hier gerade. Der Epilog, das Nachwort, richtet einen Blick in die Zukunft. Die Kapitel dazwischen beschäftigen sich mit den drei Kernfragen eines jeden Events, den zentralen Fragen: WARUM? WAS? WIE? (Das WARUM hat der Autor Simon Sinek in seinem Bestseller ‚Start with why' in einem anderen Kontext, aber ebenfalls als zentrales Element von Erfolg, in den Raum gestellt.).

Das zweite Kapitel stellt die Frage nach Zweck und Beweggrund der Veranstaltung. WARUM gibt es die Veranstaltung, welche Wirkung soll erzielt werden? Das dritte Kapitel fragt: WAS soll erzählt werden, welche Botschaft, welche Inhalte, welche Geschichte? Das Thema ist Storytelling. In den anschließenden Kapiteln geht es um die Frage: WIE setzen wir das um, wie erzeugen wir die gewünschte Wirkung? Im vierten Kapitel geht es um die Dramaturgie, die zeitliche Handlungsabfolge und die Frage: Was findet an welcher Stelle wie lange statt? Im fünften Kapitel geht es um die Inszenierung, die Frage: Wie setzen wir das Ganze in Szene?

Vieles davon wissen wir alle bereits intuitiv. Wenn wir uns aber beruflich mit diesen Themen beschäftigen, sollten wir uns diese auch bewusst machen, damit

wir sie anwenden können. Das Buch richtet sich an Führungskräfte, Kommuni-
kationsverantwortliche, an die Macher von Events, die Konzepte erarbeiten und
inszenieren, an Studierende und an „alte Hasen", die sich schon seit langem mit
Events beschäftigen und neugierig geblieben sind. In diesem *essential* möchten
wir in erster Linie Basiswissen und unsere Erfahrungen weitergeben und viele
Fragen aufwerfen. „Fragen öffnen unser Denken und unser Fühlen. Fragen – nicht Antworten –
sind die Eintrittskarten in die eigene Zukunft. … Fragen regen zum Denken an,
wohingegen Antworten unseren Denkprozess zunächst einmal beenden", schreibt
Harry Gatterer in seinem Buch ‚Ich mach mir die Welt' (Gatterer 2020). Auf
Checklisten verzichten wir, da wir sie für weitestgehend sinnlos erachten, die
Dinge sind einfach komplexer. Eine Toolbox im Sinne von „In 10 Schritten zum
gelungenen Event" ist dieses *essential* daher auch nicht.

Es heißt hier „Event" und „gelungen". Event wird allgemein mit „Ereignis" übersetzt, gemeint ist ein außergewöhnliches Ereignis. Es bezeichnet ein
organisiertes, zweckgebundenes, zeitlich begrenztes Ereignis, eine Veranstaltung
im Bereich Live-Kommunikation, an der eine Gruppe von Menschen vor Ort
und/oder über Medien teilnimmt und die Inhalte transportiert. Ein Event wird
hier nicht im Sinne von Party oder Feuerwerk verstanden. Event meint hier ein
dialogorientiertes Kommunikationsinstrument zur Darstellung von Unternehmen,
Marken, Produkten und Dienstleistungen. Es überträgt Informationen, Wissen,
Erkenntnisse, Botschaften, Erfahrungen und erzeugt Empathie. Unter ‚gelungen'
verstehen wir in diesem Zusammenhang eine präzise Übertragung vom Sender zum Empfänger, inhaltlich und emotional. Ein gemeinschaftliches Erleben
in Echtzeit, das Wirkung erzeugt, anhält und in Erinnerung bleibt. Etwas als
„gelungen" bezeichnen zu können, bedeutet immer auch, dass vorab Ziele defi-
niert werden; die dürfen zwar auch Größen wie „Budget" (Budgetrahmen wurde
eingehalten) und „Zeit" (alles hat pünktlich stattgefunden) beinhalten, es geht
allerdings primär um die Wirkungsgrößen im Zusammenhang mit der Kommunikation. So etwa die Verbesserung von Motivation und Image, die Erhöhung von
Loyalität und Weiterempfehlungsrate oder den nachhaltigen Lernerfolg.

Dieses Buch möchte dazu beitragen, dass ein Event gelingt. Es soll unterhalten, Fragen aufwerfen und eigene Antworten ermöglichen, Denkprozesse anregen,
sensibilisieren, inspirieren und klüger machen, bei der Konzeption und Umsetzung eines Events zu neuen Taten ermutigen! Los geht's! Vorhang auf und
Licht!

Anmerkung Aus Gründen der besseren Lesbarkeit haben wir uns entschlos-
sen, durchgängig die männliche Anredeform zu nutzen, die selbstverständlich die
weibliche mit einschließt.

Wer das WARUM kennt, wird mit jedem WIE fertig

Vor der Inszenierung eines Theaterstücks, sei es eine Komödie von Shakespeare, eine Tragödie von Sophokles, eine Oper von Mozart oder ein Musical von Andrew Lloyd Webber, stellt sich immer als erstes die Frage: Warum macht man das Werk, was will man erzählen? Die Werke „an sich" gibt es nicht, sie sind immer an Zeit und Gesellschaft gebunden, daher gibt es auch so etwas wie ‚Werktreue' nicht. Eine Inszenierung und Umsetzung braucht immer eine Antwort auf das WARUM, braucht immer Lesart, Perspektive, Schwerpunkte, Subjektivität und Haltung, Interpretation. Die Antwort auf die WARUM-Frage sollte möglichst nicht länger als ein Satz sein, zur Not darf sie auch vier Sätze lang sein, aber keinesfalls länger als die Beschreibung eines Films in einer Fernsehzeitung.

Kurze Anekdote dazu Regisseur Ridley Scott konnte sein Filmskript Hollywood-Produzenten nicht verkaufen, solange er bei seiner Inhaltsbeschreibung sehr umständlich und ausführlich von einer äußerst gefährlichen Kreatur sprach, die allem Leben feindlich gegenübersteht. Erst in dem Moment, in dem Scott, mittlerweile desillusioniert und genervt, unter Zeitdruck einem Produzenten im Fahrstuhl seine Geschichte in einem Satz auf den Punkt brachte: „Der weiße Hai im Weltraum", hatte er Erfolg. Sein Film „Alien" ist heute Filmgeschichte.

Die grundsätzliche WARUM-Frage stellt sich auch bei der Konzeption eines Events. WARUM gibt es die Veranstaltung, was ist der Zweck, der Beweggrund, das Ziel? Was soll erzählt und bewirkt werden? Soll gefeiert, informiert, motiviert, präsentiert, verkauft, die Marke profiliert, sich von der Konkurrenz abgegrenzt, die Zielgruppe gebunden oder eine neue erschlossen werden? Vielleicht gibt es nicht immer nur eine Antwort in einem Satz, vielleicht gibt es zwei oder drei Antworten in ein paar wenigen Sätzen, einen Schwerpunkt braucht es aber auf jeden Fall.

© Springer Fachmedien Wiesbaden GmbH, ein Teil von Springer Nature 2023
D. Altenbeck und S. Luppold, *Inszenierung und Dramaturgie für gelungene Events*, essentials, https://doi.org/10.1007/978-3-658-40356-0_2

Black. Vorhang zu. Szenenwechsel.

Ein Drama

Vorhang auf. Licht.

Ort:
Büro in der Firmenzentrale eines mittelständischen Familienunternehmens

Personen:
AD, Account Director einer Eventagentur
CD, Creative Director einer Eventagentur
KUNDE, Marketingleiter eines mittelständischen Familienunternehmens

Alle sitzen an einem großen Tisch.

AD: Welches Budget haben Sie kalkuliert?
KUNDE *(lacht):* Ich hoffe, dass Sie mir verraten, was unsere Veranstaltung kosten wird.
AD: An wie viele Gäste hatten Sie denn gedacht?
KUNDE *(lacht):* Das wissen wir alles noch nicht so genau.

KUNDE lacht anhaltend, allmählich bilden sich Schweißperlen auf seiner Stirn. Er nimmt hilfesuchend einen Schluck Wasser.

CD: Warum möchten Sie die Veranstaltung machen?

KUNDE verschluckt sich, hustet.

KUNDE *(entsetzt):* „Warum?"

CD: Ja, was ist denn Zweck und Ziel ihrer Veranstaltung?
AD *(versöhnlich lächelnd):* Wenn Sie möchten, Herr Kunde, können wir auch …
KUNDE *(leicht aggressiv):* Wir haben Jubiläum!
CD: Ja, und?!

Lange Pause.

CD: Beantworten *Sie* die Warum-Frage, alles Weitere machen *wir.*
KUNDE: Naja… Wir wollen uns mit einem Fest bei unseren Mitarbeitern bedanken. Danke sagen ist ein wichtiger Teil unserer Unternehmenskultur.
CD: Dann schenken Sie ihnen doch was!
KUNDE *(ignoriert den Einwurf):* Wir möchten uns auch bei unseren wichtigen Geschäftspartnern und Kunden bedanken. Schließlich wären wir ohne …

CD *(unterbricht ihn):* Dann fahren wir mit einem Foodtruck zu ihren Geschäfts-partnern und Kunden und verteilen dort Currywurst und Bier oder von mir aus auch Austern und Champagner!

KUNDE *(schreit, sehr aggressiv):* Ab-er – das – ist – doch – kei-ne – Paaaaarty!

CD *(leise):* Aha! ... Sie wollen eine Party!

KUNDE *(stammelt jetzt sehr leise vor sich hin):* Eine Party, ja ... feiern und tanzen ... was essen und trinken ... eine Party, ein Festakt ... klassisch, aber nicht steif ... eher modern ... dabei bedanken wir uns bei allen ... unsere Vorstände halten kurze Reden ... aber sonst keine Reden ... nur noch von unserem Firmengründer natürlich ... und von seiner Frau ... und vom Oberbürgermeister ... und vom Sparkassen-chef ... und von unserem Betriebsrat und dem Regionalleiter der Gewerkschaft... und von der Leiterin unserer Stiftung für soziales Engagement... unsere Firmen-geschichte muss vorkommen, aber nicht zu viel Historie ... vielleicht ein Film ... mehr über die Zukunft ... bei uns wird sich ja einiges ändern, wir werden leider Mitarbeiter entlassen müssen im Zuge der Umstrukturierung ... wir können bei der Party unsere Mitarbeiter informieren ... und unsere neuen Produkte präsentieren ... die Philharmoniker müssen auftreten, unser Firmengründer sponsort die ja ... die müssen unbedingt die vierte Sinfonie von Brahms spielen ... und Beethoven natür-lich, die Neunte... wird vielleicht etwas lang das Ganze, dann wenigstens die Ode an die Freude ... vielleicht kann dabei ja unser Haus-Chor mitsingen und unsere hauseigene Turngruppe dazu tanzen... die ist beim letzten Betriebsfest super gut angekommen ... ja und was sich, glaube ich, alle wünschen würden wäre dann ... ich weiß ja nicht, was die so kostet ... aber das wäre dann der absolute Höhepunkt und Abschluss unserer Veranstaltung... Helene Fischer!

KUNDE blickt lächelnd zu AD und CD, die beide wie Wackeldackel mit ihren Köpfen durch die Heckscheibe nicken.

Black.

Licht.

„Ja, was denn jetzt?" möchte man in das Drama reinrufen. So ähnlich ereignen sich Dramen leider häufig. Ahnungslose, heitere Tragödien! Der Kunde glaubt meis-tens, das Briefing wäre nach einem solchen Meeting erfolgreich abgeschlossen und die Agentur sammelt dann nur noch ein paar zusätzliche, originelle Einfälle (iPad-Zauberer oder so), macht einige Vorschläge zum Claim und sucht dann nur noch DIE IDEE, den ROTEN FADEN, der alle gewünschten und/oder nötig scheinen-den Programmbausteine verbindet und sich durch die Veranstaltung zieht. Fragen der Organisation, Planung, Logistik und des Budgets der Veranstaltung sind dem

Kunden oftmals wichtiger, als die WARUM-Frage, obwohl die Antwort darauf Herzstück und Antrieb der Konzeption ist und entscheidend für die Geschichte, Inhalt und Inszenierung der Veranstaltung. Der Kunde braucht dazu meistens dringend Beratung und Unterstützung. Von gemeinsamen, kreativen Workshops in großer Runde, raten wir ab, da sie nicht zielführend sind. Man muss auch nicht aus jedem Gespräch einen Workshop machen. Selbstklebende, bunte Zettel sind auch nicht unbedingt erforderlich. Oft reichen offene Gespräche mit dem Kunden, möglichst direkt mit den verantwortlichen Entscheidungsträgern, je weiter oben in der Hierarchie des Unternehmens, desto besser. Dann reicht Zuhören, Nachfragen, Nachdenken, Sprechen, Bestätigen, Widersprechen. Antworten wie: „Wir haben Firmenjubiläum", „Die Bilanzpressekonferenz machen wir jedes Jahr", „Wir machen regelmäßig einen Kongress" sind natürlich keine Antworten. Manchmal kann man dem Kunden bei der Beantwortung der WARUM-Frage und dem Herausfinden, was er will, leider nicht helfen. Immer dann, wenn er es selbst einfach nicht weiß oder sich nicht festlegen will. Dann muss für den Kunden eine Antwort gefunden werden und er davon überzeugt werden. Wie hat der Autohersteller Henry Ford doch so schön gesagt? „Wenn ich die Menschen gefragt hätte, was sie wollen, hätten sie gesagt schnellere Pferde." Manchmal muss man einfach machen, wovon man überzeugt ist. Grundsätzlich gilt: Der Kunde ist nicht König. Konzeption und Inszenierung sind keine Dienstleistungen eines Hofdieners! Es braucht einen Dialog auf Augenhöhe, Mut, innere Überzeugung, Emotion, Konfliktbereitschaft, Fehlertoleranz, Haltung und Standpunkt auf beiden Seiten. Im Sinne des Ergebnisses, des gelungenen Events, sollte jeder seinen Wert kennen. Niemand sollte sich anbiedern, gefallen wollen und Erfolg im angleichenden Verhalten suchen.

Die Botschaft hör ich wohl, allein mir fehlt der Glaube

3

Eine Botschaft muss gesendet werden, damit sie auch ankommen kann. Am besten in Form einer glaubhaften Geschichte, möglichst gut erzählt. Wie aber erzählt man eine gute Geschichte? Blick zurück nach vorn. Es war einmal… Machen wir eine kurze Reise in die Geschichte der menschlichen Kommunikation, in die Geschichte des Geschichtenerzählens.

3.1   Storytelling

Vor rund 100.000 Jahren sollen bereits Menschen zusammen am Lagerfeuer gesessen haben und sich Geschichten erzählt haben (Abb. 3.1). Sie sprachen miteinander, produzierten durch schnelle, kontrollierte Bewegungen der Zunge, der Lippen und des Kiefers Laute. Neue Forschungsergebnisse sprechen davon, dass sich die menschliche Sprache nicht aus der Erzeugung von Lauten, sondern aus kommunikativer Mimik, aus dem Mienenspiel heraus entwickelt hat, aus Lippenschmatzen zum Beispiel. Wie auch immer … Mit kommunikativen Geräuschen fing jedenfalls das an, was wir heute als Storytelling bezeichnen. Ein Modewort? Vielleicht! Das Tun ist aber uralt, eben Geschichtenerzählen. Storytelling ist keine derzeit angesagte Methode, sondern beschreibt ein Naturgesetz. Geschichten sind so alt wie die Menschheit und Grundlage menschlicher Kommunikation. Geschichtenerzählen ist ein Grundbedürfnis des Menschen. Sie geben in erster Linie Erfahrungen, Wissen und Informationen weiter, an die eigene und die nächste Generation. Sie erzählen von gestern, heute und morgen, von Utopien und Möglichkeiten. Interessanterweise unterscheidet die englische Sprache Story und History, also die fiktive Geschichte und die reale Geschichte, während in der deutschen Sprache das Wort Geschichte das nicht unterscheidet. Unserem Gehirn ist es auch ziemlich egal, ob eine Geschichte real oder fiktiv ist, ob es tatsächlich

© Springer Fachmedien Wiesbaden GmbH, ein Teil von Springer Nature 2023
D. Altenbeck und S. Luppold, *Inszenierung und Dramaturgie für gelungene Events*,
essentials, https://doi.org/10.1007/978-3-658-40356-0_3

Abb. 3.1 Hier begann Storytelling vor 100.000 Jahren. (Quelle: dpa)

so passiert oder nur ausgedacht ist, wenn sie nur gut erzählt ist. Dazu kommen wir später noch, bei einem kurzen Ausflug ins Gehirn, in die Neurowissenschaften und die Psychologie.

Gibt man Storytelling in die Suchleiste „Bücher" bei Amazon ein, erhält man mehr als 60.000 Ergebnisse oder Vorschläge, mit der entsprechenden Zahl von Büchern zum Thema. Viele davon sind mehrere hundert Seiten dick, darunter Bücher zu den Bereichen: Visual Storytelling, Digital Storytelling, Storytelling in der Live-Kommunikation, Wissenschaft und Religion, im Vertrieb, PR, Marketing, Journalismus, Unternehmen, Management, Film, Museum und viele mehr.

Einsatzbereiche von Storytelling
Im Theater, in Büchern, Filmen, Hörspielen und Computerspielen, im Social-Media-Bereich, im Journalismus kommt Storytelling zum Einsatz, hier sollen gute Geschichten erzählt werden. Auch in der Lehre, Forschung und Wissenschaft: So hat zum Beispiel der Neurologe Oliver Sacks über komplexe neurologische Krankheitsbilder anhand von Fallbeispielen seiner Patienten seriös und spannend zugleich geschrieben. Keine Fachaufsätze in Fachzeitschriften, vielmehr in Büchern wie „Awakenings – Zeit des Erwachens" oder „Der Mann, der seine Frau mit einem Hut verwechselte." Anhand der außergewöhnlichen, komplexen Krankheitsgeschichten über Menschen, die wegen Hirnverletzungen oder psychischen Störungen aus der

„Normalität" gefallen sind, erfährt der Leser etwas über die „Normalität" seiner eigenen Welt, über subjektive Wahrnehmungen und Realitätsempfinden.

Das Therapie-Game „Snow World" kommt in der Medizin zum Einsatz. Hierdurch können Verbrennungsopfern beim Verbandswechsel ihre Schmerzen gelindert werden. Die Patienten werden dabei in eine visuelle Welt von Schnee und Eis geführt und erhalten durch Geschichten, die dort spielen, mithilfe von Storytelling, so etwas wie eine psychologische Abkühlung.

Auch bei der Unternehmens- und Mitarbeiterführung, bei Management und Leadership kommt Storytelling zum Einsatz, dazu empfehlen wir das Buch von Veith Etzold „Der weiße Hai im Weltraum". Im Bereich PR, Marketing, Branding spielt Storytelling ebenfalls eine zentrale Rolle. Im Hinblick darauf, dass sich Produkte und Dienstleistungen immer mehr ähneln und oft austauschbar in ihrer Qualität sind, oftmals nur die Verpackung eine andere ist, muss ein Unternehmen entweder preiswerter sein als die Konkurrenz oder aber die bessere Markengeschichte erzählen.

Der „Purpose", Zweck und Bestimmung, gesellschaftliche Relevanz und Mehrwert eines Unternehmens, seine Haltung bei sozialen und ökologischen Themen ist heute ein wichtiger Treiber von Geschichten in der internen und externen Kommunikation. So werden höhere Markenwerte geschaffen, die nicht von einem Preis abhängen.

Storys rund um den Purpose eines Unternehmens oder einer Marke spielen mittlerweile auch im Bereich der Live-Kommunikation eine große Rolle. In diesem *essential* finden nur ein paar wesentliche Aspekte von Storytelling im Hinblick auf gelungene Events Platz.

▶ **Nochmals der Hinweis** Weiterführende Literatur ist am Ende des Buches aufgeführt.

Zurück zu unserer kurzen Geschichte des Geschichtenerzählens. Der Mensch hat im Laufe der Entwicklung verschiedene Mittel und Formen gefunden, Erfahrungen, Wissen und Informationen weiterzugeben. Am Anfang war, wie gesagt, das Wort, genauer gesagt, das gesprochene Wort. Auf dem zentralen Marktplatz von Marrakesch, dem Djemaa el Fna, gibt es seit 7000 Jahren Geschichtenerzähler, seit jeher ein fester Bestandteil der arabischen Kultur (Abb. 3.2). 2001 wurde der marokkanische Marktplatz von der UNESCO in die Liste der Meisterwerke des mündlichen und immateriellen Erbes der Menschheit aufgenommen und geehrt.

Im spanischen Kantabrien, in der Cueva de El Castillo, wurden ca. 40.000 Jahre alte Höhlenmalereien entdeckt. Sie gelten als die ältesten bekannten Kunstwerke der Menschheitsgeschichte. Ein weiterer bedeutender

Abb. 3.2 Geschichtenerzähler in Marrakesch. (Quelle: Thomas Ladenburger)

Fundort ist die Grotte Chauvet im Flusstal der Ardèche in Frankreich (Abb. 3.3). Auch hier wurden mit Abbildungen Geschichten erzählt. Die 1994 entdeckte Höhle gehört zu den weltweit bedeutendsten archäologischen Fundplätzen mit Höhlenmalereien und wurde in das Weltkulturerbe der UNESCO aufgenommen. Auf mehr als 500 m gibt es über 400 Wandbilder, die älter als 30.000 Jahre sind. Die Abbildungen sollen vor gefährlichen Situationen und Tieren warnen. Über diesen Ort des Storytellings erzählt sehr eindringlich der Regisseur Werner Herzog in seinem Dokumentarfilm „Die Höhle der vergessenen Träume". Weiter auf unserer Zeitreise des Geschichtenerzählens. Vor rund 8000 Jahren wurden erstmals Geschichten in Form von Zeichen und Schrift festgehalten und weitergegeben (siehe Abb. 3.4). Für die Verbreitung von Geschichten wurde dann die Vervielfältigung mithilfe des Buchdrucks wichtig. In Ostasien gab es bereits im 8. Jahrhundert vereinzelt gedruckte Werke. Der moderne, recht kostengünstige und schnelle Buchdruck wurde von Johannes Gutenberg Mitte des 15. Jahrhunderts erfunden. Ein Meilenstein in der Geschichte des Geschichtenerzählens. Vielen Menschen konnten so Geschichten über das Lesen zugänglich gemacht werden. „Lesen ist Denken mit einem fremden Gehirn. Doch das Gelesene zu verarbeiten ist ein fortwährender Dialog mit uns selbst" (Precht 2015). Es

Abb. 3.3 Chauvet-Höhle nahe Vallon-Pont-d'Arc in Frankreich. (Quelle: AFP)

gibt so etwas wie einen kulturellen Geschichtenschatz in Büchern, Sammlungen mündlich tradierter Geschichten, die nicht ein einziger Autor schrieb, sondern die von Generation zu Generation weitererzählt, dabei natürlich immer aktualisiert, reduziert, erweitert wurden. Diese Geschichten lebten über einen langen Zeitraum weiter, bis sie jemand aufschrieb. Beispiele dafür sind ‚Die Bibel', die griechischen Götter- und Heldensagen (‚Odyssee' und ‚Ilias' von Homer), die Erzählungen aus ‚Tausendundeine Nacht', das ‚Nibelungenlied' und die Märchen und Sagen der Brüder Grimm. Die Märchen und Sagen existieren seit hunderten von Jahren bis sie Anfang des 19. Jahrhunderts aufgeschrieben wurden. Anthropologen haben übrigens jüngst in einem 3000 Jahre alten indischen Lied die Geschichte von Rotkäppchen entdeckt. In Indien kommt zwar kein Wolf vor, das Mädchen trifft stattdessen einen Tiger, der Rest ist aber gleich. Wer sich mit Storytelling beschäftigt, sollte unbedingt lesen! „Lesen macht schön, schlank und sexy" (Scheck o. J.). Viel Spaß dabei!

Einen weiteren Meilenstein haben wir bereits beschrieben, die Geburtsstätte des Theaters, das Dionysostheater in Athen. Dieser Ur-Veranstaltungsort wurde vor ungefähr 2500 Jahren erbaut. Wissen und Information wurden dann auch über Kerben in Holzstäben weitergegeben. Zwischen 300 v. Chr. und 600 n. Chr.

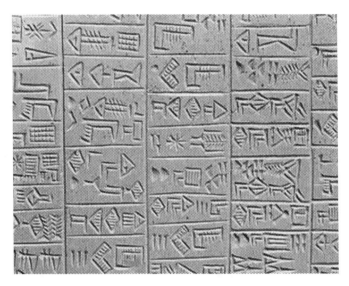

Abb. 3.4 Eine der ältesten Schriftsprachen der Welt – sumerische Keilschrift aus dem 26. vorchristlichen Jahrhundert. (Quelle: Schøyen Collection MS 3029/Wikimedia Commons)

entstand in Indien das dezimale Stellenwertsystem mit 0 und Zahlzeichen für 1 bis 9, ein System, das unserem heutigen Verständnis von Zahlen und Zählen entspricht (Abb. 3.5 und 3.6). Erst seit kurzer Zeit kennt unser Gehirn also Zahlen und den Umgang mit und die Vorstellung von ihnen. Das ist deshalb eine sehr kurze Zeit, weil sich unser Gehirn nur äußerst langsam entwickelt, man könnte sagen, im Schneckentempo, jedenfalls viel langsamer, als wir annehmen und wir uns vielleicht wünschen würden. Das zeigt sich auch ganz einfach daran, dass die meisten Menschen sich Zahlen nur schlecht merken können. Wer von euch hat seine Kontonummer, die IBAN, im Kopf? Zahlen können wir uns besser merken, wenn wir Bilder mit

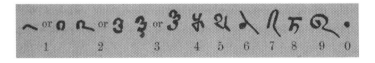

Abb. 3.5 Aus dem indischen Bakhshali-Manuskript. (Quelle: wikidata.org)

Storytelling

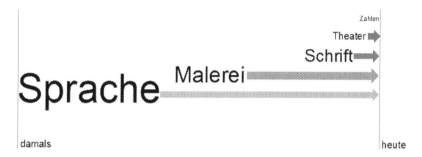

Abb. 3.6 Storytelling. (Quelle: Detlef Altenbeck)

ihnen verknüpfen. Am besten lässt man sich eine Geschichte zu einer Zahl erzählen oder aber man liest sie. Zu diesem Thema gibt es eine lustige Geschichte. Machen wir ein Experiment. Merkt euch doch bitte mal diese Zahl, sagen wir, in einer halben Minute. Also, Timer stellen … und los!

18911826491110

Ergebnis? Die meisten haben die Zahl nach einer halben Minute noch nicht auswendig im Kopf. Auch nicht nach einer Minute. Viele können sich die Zahl vermutlich nie merken, Ausnahmen bestätigen die Regel! Die Geschichte, die wir zu der Zahl lasen, nur deshalb können wir sie überhaupt auswendig, geht so: Es war einmal ein Mann. Der war 89 Jahre alt. Er war jeden Tag allein. Eines Tages begegnete ihm eine 18-jährige Frau. Sie liebten sich, lebten zu zweit, hatten Sex, bekamen daraufhin vier Kinder und waren glücklich. Und dann sah der Mann einen Porsche 911, kaufte ihn und seitdem hat er kein Geld mehr. Wir wiederholen und verdeutlichen dabei die verknüpften Zahlen: Es war einmal (**1**) ein Mann. Er war **89** Jahre alt und jeden Tag (**1**) allein. Eines Tages begegnete ihm eine **18**-jährige Frau. Sie liebten sich und lebten zu (**2**) zweit, hatten (**6**) Sex, bekamen daraufhin (**4**) vier Kinder und waren glücklich.

Und dann sah der Mann einen Porsche **911,** kaufte ihn und seitdem **(0)** hat er kein Geld mehr. Diese Geschichte ist natürlich völliger Blödsinn! Für das menschliche Gehirn aber eine sehr gute Möglichkeit, sich die Zahl **1891182649110** zu merken. Gerade Blödsinn, das Abwegige, nicht Normale liebt unser Gehirn und speichert es mit großer Freude im Langzeitgedächtnis ab. Probiert es mal aus. Die Elemente (hier in fett) sind übrigens das Rückgrat einer Geschichte. **Es war einmal ein Mann.** Er war 89 Jahre alt und **jeden Tag** allein. **Eines Tages** begegnete ihm eine 18-jährige Frau. Sie liebten sich, lebten zu zweit, hatten Sex, bekamen **daraufhin** vier Kinder und waren glücklich. **Und dann** sah der Mann einen Porsche 911, kaufte ihn und **seitdem** hat er kein Geld mehr.

Ankerpunkte und Grundstruktur einer Geschichte:

- **Es war einmal …**
- **Jeden Tag …**
- **Eines Tages …**
- **Daraufhin …**
- **Und dann …**
- **Seitdem …**

Nach einer Rede erinnern sich angeblich 75 % der Zuhörer an die Geschichten, 5 % erinnern sich an die Zahlen und 20 % erinnern sich an nichts! Fakt ist jedenfalls: Geschichten helfen unserem Gehirn, Informationen, Erfahrungen, Wissen, Botschaften und selbst Zahlen aufzunehmen und langfristig im Gehirn zu verankern. Eine gute Geschichte aktiviert unser Gehirn, emotionalisiert uns und bleibt im Gedächtnis. Vorsicht also vor Zahlen bei Events, ob ausgesprochen oder auf den Präsentationsfolien! Weg damit! Es sei denn, sie werden mit Geschichten und persönlichen Erfahrungen verknüpft und konkret oder mit Analogien und Vergleichen anschaulich gemacht.

Beispiel – Storytelling und Steve Jobs

Apple-Gründer und Präsentations-Genie Steve Jobs hat 2001 bei der Vorstellung des ersten iPods – einige erinnern sich sicherlich noch, das ist das revolutionäre, benutzerfreundliche Gerät, das als Nachfolger von Walkman und Discman Musik abspielen konnte – Steve Jobs hat also bei der Vorstellung des ersten iPods nicht gesagt, das Gerät hat fünf Gigabyte Speicherplatz, sondern den Slogan „1000 Songs in deiner Tasche" initiiert, was damals sehr, sehr viele Songs für ein solches Gerät waren. Bei einem Discman waren es damals bis zu 20 Songs. Ein paar Jahre später präsentierte er ein ipod-Nachfolgemodel mit noch viel mehr Gigabytes und sagte: „Hiermit könnt ihr zum Mond fliegen und wieder zurück und die ganze Zeit Musik hören. Dabei müsst ihr keinen Song zweimal hören." Er verlor kein Wort über Gigabytes oder irgendeine Zahl. Das, was er machte, war Storytelling.

2007 präsentierte Steve Jobs bei einer mittlerweile legendären Veranstaltung ein neues Gerät. Er trug einen schwarzen Rollkragenpullover, Jeans, weiße Turnschuhe und sagte: „Das ist der Tag, auf den ich mich zweieinhalb Jahre gefreut habe. Alle paar Jahre erscheint ein revolutionäres Produkt, das alles verändert. Heute möchte ich drei solcher Produkte vorstellen. Das erste ist ein iPod mit großem, berührungsempfindlichem Display, das zweite ist ein revolutionäres Mobiltelefon und das dritte ist ein bahnbrechendes Internetkommunikationsgerät." Das Publikum jubelte voller Vorfreude nach der Erwähnung des iPods und des Mobiltelefons, nach dem Internetkommunikationsgerät klatschte es nur höflich, weil sich niemand mobiles Internet vorstellen konnte. Es erschienen drei Icons auf der Projektionsfläche hinter Jobs, schließlich bildeten die Icons die Seiten eines Prismas. „Versteht ihr?", so Jobs weiter, „Es sind nicht drei Geräte, es ist ein Gerät, und wir nennen es iPhone... Heute erfindet Apple das Telefon neu. Hier ist es... Es verändert alles!" Das war die Geburtsstunde des iPhones. Dabei erschien hinter ihm ein absurdes Bild, ein iPod mit einer Telefonwählscheibe, ein Scherz (Abb. 3.7).

Später war der heutige CEO Tim Cook via Voicemail zu hören: „Ich habe die neuen Quartalszahlen", alle Teilnehmer waren gespannt, welche Interna Cook jetzt verraten würden. Dann hörte man ihn weitersagen: „Der Erlös lag bei ... weißt du

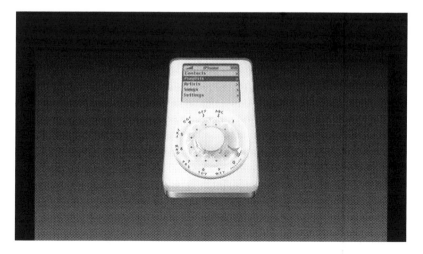

Abb. 3.7 Das erste Bild vom iPhone war ein Witz. (Quelle: mactechnews.de)

was, Steve, ich warte lieber und erzähl es dir persönlich." Eine weitere Comedy-Einlage folgte bei der Präsentation von Google Maps auf dem iPhone. Jobs lässt sich die Starbucks-Filialen in der Nähe anzeigen, ruft eine davon an und bestellt „4000 Latte to go", bevor er schnell einwirft: „Sorry, falsche Nummer" und das Telefongespräch beendet.

Diese Beispiele sollen zeigen, was Storytelling bei einer Veranstaltung, hier einer Produktpräsentation, leisten kann. Wesentliche Elemente einer guten Geschichte werden deutlich. Glaubwürdigkeit, Spannung, Überraschung, Emotion und Humor. Humor! Geschichten statt Zahlen sind gerade bei einer Veranstaltung, in der technische Dinge im Vordergrund stehen, leider sehr selten, aber auch sonst. Ein großer Teil vieler Events besteht aus Zahlen, Diagrammen, Tortenstücken, nicht aus Humor. Humor gibt es bei Events leider selten. Warum das ein Fehler ist, zeigt auch der kurze Ausflug ins Gehirn, in den Bereich Neurowissenschaften und Psychologie, den wir jetzt mit euch machen möchten. Klingt weit abschweifend? Ist es aber nicht! Der Ausflug ist eine Art Emotionsforschung, also dranbleiben, festhalten bitte, es geht los, 3-2-1 und ab!

3.2   Ausflug ins Gehirn

Riley ist ein glückliches Mädchen. Sie hat tolle Eltern, ehrliche Freunde und spielt leidenschaftlich gern Eishockey. Die größte Freude hat sie beim Quatschmachen. Eines Tages, als Riley elf Jahre alt ist, muss sie mit ihren Eltern ihre gewohnte Welt verlassen und in eine neue aufbrechen. Der Film erzählt eine Heldenreise, aber dazu etwas später. Soweit die Kurzfassung des oscarprämierten Animationsfilms „Inside out", deutsch „Alles steht Kopf" von Pixar Animation Studios, ein Unternehmen, das Steve Jobs gegründet hat und das Meisterwerke des Storytellings schuf wie ‚Toy Story', ‚Findet Nemo', ‚Ratatouille', Wall.E', ‚Oben' und ‚Soul'. Der überwiegende Teil des Films ‚Alles steht Kopf' spielt in Rileys Kopf. Dort sehen wir eine Art Kommandozentrale, von der aus Rileys Entscheidungen und Handlungen initiiert werden, wir sehen ihr Langzeitgedächtnis, über dem Abgrund des Vergessens schwebende Inseln, auf denen sich ihre Persönlichkeit aufbaut (eine Quatschmach-, Eishockey-, Freundschafts-, Familien- und Ehrlichkeitsinsel), außerdem sehen wir ihr Traumstudio, Unterbewusstsein, Fantasieland und ihren Gedankenzug (Abb. 3.8).

An der Kommandozentrale ringen fünf Emotionen – Freude, Kummer, Angst, Ekel und Wut – miteinander, wer die Hebel am Pult und somit die Handlungen Rileys steuert. Während Riley schläft, sehen wir, wie ihre Erfahrungen des Tages

Abb. 3.8 Blick in Rileys Kopf: Im Vordergrund die fünf Emotionen am Kommandopult und im Hintergrund Erinnerungskugeln ihres Langzeitgedächtnisses. (Quelle: fanpop.com)

in Form von Kugeln über eine Rohrpost in ihr Langzeitgedächtnis befördert werden. Jede Erinnerungskugel leuchtet in der Farbe, die der zugrunde liegenden Emotion und der mit ihr verbundenen Geschichte entspricht.

Der Großteil der farblosen, grauen Kugeln, die mit keiner Geschichte oder Emotion gefüllt sind, sondern Zahlen, Daten oder Fakten beinhalten, wird von einer Art Putz- und Aufräumtruppe entsorgt. Die Geschichte des Films erzählt leicht verständlich und trotzdem wissenschaftlich fundiert, wie unser Gehirn, unser Gedächtnis und unsere Psyche funktionieren.

Warum unser Gehirn Geschichten liebt

Das Langzeitgedächtnis ist kein Computer mit unbegrenzter Speicherkapazität und gleicht auch keinem unendlich großen Regal, in das unsere Erfahrungen und Erinnerungen wie festgeschriebene Bücher gestellt werden. Die Kapazität unseres Langzeitgedächtnisses ist begrenzt. Informationen, Erfahrungen und Erinnerungen werden als emotionale Geschichten in Form von Mustern gespeichert, verkürzt und komprimiert, oft werden dabei Dinge vermischt.

Bei der Einschätzung neuer Situationen greift unser Gehirn auf diese Muster zurück.

Nach Ansicht der Wissenschaft werden wichtige Handlungsentscheidungen in erster Linie emotional getroffen. Das analytische Gedächtnis ist anschließend damit beschäftigt, die sogenannten intuitiven Entscheidungen, die auf die Gesamtheit unserer im narrativen Gedächtnis gespeicherten Muster zurückgreifen, zu begründen und auf der Basis von Zahlen, Daten, Fakten und Nutzen zu rechtfertigen.

Eine gute Geschichte

„Unabhängig von der Art des Mediums thematisieren Geschichten verschiedenster Kulturen seit Anbeginn der Menschheit existentielle Fragen unseres Daseins, transportieren Lebensentwürfe, bieten Identifikationsangebote und stiften Sinnzusammenhänge", schreibt Roman Seda in seinem Buch ‚Interactive Storytelling im Computerspiel' (Seda 2008). Es geht bei allen Geschichten im Kern immer um die gleichen Fragen: Wer bin ich? Wer ist der Andere? Wo ist mein Platz in der Welt? Übertragen auf ein Unternehmen: Was ist der Zweck meines Unternehmens? Wer ist der Mitbewerber? Wie ist der Markt? Alle Menschen teilen dieselben grundlegenden Bedürfnisse, die das Streben eines jeden Menschen motivieren. Sie sind Motor jeder guten Geschichte in einem Theaterstück, Buch, Film, aber auch einer Markenstory. Daher lohnt es, sich kurz damit zu beschäftigen.

Was sind also diese menschlichen Bedürfnisse, die eine gute Geschichte antreiben? Mitte des letzten Jahrhunderts hat der Psychologe Abraham Maslow ein sozialpsychologisches Modell entwickelt, das menschliche Bedürfnisse und Motive ordnet, die nach ihm benannte und immer noch populäre Bedürfnispyramide. Sie beschreibt stufenweise die menschlichen Bedürfnisse von unten nach oben: Zunächst die Basisbedürfnisse (Überleben, Gesundheit, Essen, Trinken, Schlafen), dann soziale Bedürfnisse, dann das Bedürfnis nach körperlicher und materieller Sicherheit, dann folgt das Bedürfnis nach Unabhängigkeit und Freiheit und schließlich an der Spitze das Bedürfnis nach Selbstverwirklichung und Entfaltung. Statt einer Pyramide entwirft der Psychologe Scott Barry Kaufman, der zu Intelligenz und Kreativität forscht, das Bild eines Segelboots, das als Metapher im Zentrum seines Buchs ‚Transcend' steht. Unten im Boot befinden sich die Bedürfnisse Sicherheit, Verbundenheit und Selbstwert. Das Segel umfasst Erkundung, Liebe und Sinn. Kaufmann ist der Auffassung, dass man bei aller Sicherheit schaffenden Bootszimmerei daran denken muss, das Segel zu hissen.

Damit der Rezipient einer Präsentation folgt, während eines TV-Spots nicht umschaltet oder bei einer Veranstaltung nicht einschläft, sollte eine gute Geschichte ein paar folgender Elemente beinhalten:

Held   Ziel   Limit   Einsatz   Hindernis
  Konflikt   Humor   Überraschung   Kontrast
Spannung   Glaubwürdigkeit   Emotion

Jede gute Geschichte braucht einen **Held**en mit Stärken und Schwächen. Held Siegfried im Nibelungenlied badete im Blut des Drachen und wurde dadurch unverwundbar. Aber nur fast. An der Stelle, an der während seines Drachenblutbades unbemerkt ein Eichenblatt lag, blieb er verwundbar. Der große griechische Held Achill war auch unverwundbar, außer an der nach ihm benannten Achillesferse. Eine Heldengeschichte, eine Geschichte über Erfolg, braucht Verwundbarkeit und Schwäche, Misserfolg und Scheitern. Ein Produkt und ein Unternehmen sollten nie in der Rolle des Helden erzählt werden. „Die Hauptfigur einer Geschichte nennt man Held. Idealerweise teilt der Held die gleichen Eigenschaften und unerfüllten Wünsche wie sein Publikum, an das sich die Geschichte wendet. Unglücklicherweise identifiziert sich das Publikum nicht mit Unternehmen, Produkten oder Dienstleistungen, es identifiziert sich immer mit Menschen", schreiben Julie Fuoti und Lisa Johnson in ihrem Buch ‚Story Juice' (Fuoti und Johnson o. J.).

Allgemeine Geschichten über irgendwelche stereotypen Figuren ohne Fleisch und Blut und anonyme Zielgruppen sind keine guten Geschichten. Steve Jobs soll, vermutlich 1983, bei der Präsentation eines der ersten Apple/Mac Computer gesagt haben: „Guten Tag, ich bin Steve Jobs und habe einen schönen, leicht zu bedienenden Computer für Sie, den Sie zu Hause auf Ihren Schreibtisch stellen können." Das war damals eine Sensation. Computer kannte man nur am Arbeitsplatz. Sie waren weder leicht zu bedienen noch schön. Jobs änderte auch die übliche Erzählperspektive: Er nahm die Rolle des Mentors ein, der etwas für den Kunden tut und nicht die des Helden, im Sinne von: Seht mal wie toll unser Unternehmen ist, was wir alles Tolles können! Aus einer solchen Heldenperspektive erzählen häufig Unternehmen bei einer Veranstaltung ihre makellose Erfolgsgeschichte, was einfach keine gute Geschichte ist. Eine gute Geschichte führt zu etwas, treibt etwas an, hat ein **Ziel,** oft auch ein **Limit.** Man hat nicht ewig Zeit, Zeit-Optionen gehen aus, wie in den Filmen ‚Nur 24 h', ‚Titanic' oder bei James Bond, der im letzten Moment das richtige Kabel des Zeitzünders kappt und die Explosion einer verheerenden Bombe verhindert. **Einsatz** ist ein weiteres Element einer guten Geschichte, das kann der Einsatz von Geld sein, muss aber nicht. David kämpft beispielsweise mit großem Einsatz gegen Goliath, eine drittklassige Fußballmannschaft kämpft hochmotiviert bis zum Umfallen gegen eine favorisierte Mannschaft und auch wenn sie nicht gewinnt, hat sie zu einer guten Geschichte beigetragen, die Sympathien liegen vermutlich auf ihrer Seite. Eine Außenseitergeschichte über Motivation und Einsatz.

„Nur wer selber brennt, kann andere entzünden", heißt es. **Hindernis** ist ein weiteres Element einer guten Geschichte. Das Eichhörnchen Scrat im Film ,Ice Age', das große Anstrengung aufbringt, um die Eichel auf einer dahintreibenden Eisscholle zu erreichen, ist dafür ein Beispiel. Die Überwindung von Hindernissen, kann auch bei einer Führungskräftetagung, einer Bilanzpressekonferenz, einer Produktpräsentation oder einem Jubiläumsfestakt ein Element einer guten Geschichte sein. Auch **Konflikt** ist ein Element einer guten Geschichte. „Herren im Bad" ist einer der bekanntesten Sketche von Loriot. Wir wissen zwar gerade nicht mehr, wie es dazu kam und warum diese beiden Herren zusammen in einer Badewanne sitzen, erinnern uns aber daran, dass Dr. Klöbner mit den Worten: „Ich bade immer mit dieser Ente" sein Quietscheentchen zu Wasser lassen möchte und Herr Müller-Lüdenscheidt vehement mit den Worten protestiert: „Nicht mit mir! Die Ente bleibt draußen!" Aus diesem Konflikt entsteht ein herrliches Drama, was uns zum Humor führt. **Humor** kommt bei Events selten zum Einsatz, leider, dabei soll lachen doch gesund sein. Wir wünschen uns bei Events mehr Geschichten über Unzulänglichkeiten der Welt, der Menschen, Unternehmen und Marken, mehr Schwierigkeiten, Missgeschicke, Fehler, Verwechslungen, mehr Witz und Humor. **Überraschung**, unerwartete Momente und Ereignisse, nicht vorhergesehene Wendungen und Paukenschläge erzeugen Aufmerksamkeit. Unterschiedliche Typen und Charaktere oder auch Wechsel, Kontraste von lustigen und rührenden Momenten, beleben jede Geschichte. Auf das Thema **Kontrast** und Unterscheidungsmerkmale im Bereich Dramaturgie und Inszenierung bei Tempo, Dynamik, Bild, Licht, Farbe, Ton, Musik und Lautstärke kommen wir in den folgenden Akten noch zu sprechen. Ebenso auf **Spannung** und **Glaubwürdigkeit**. Über die Bedeutung der **Emotion** und die Frage, was Gefühle in Verbindung mit Geschichten in uns auslösen, sprachen wir bereits. Nur was wir auch fühlen, können wir uns merken. Emotionen sind eine Gedächtnisstütze.

„Wenn ihr's nicht fühlt, ihr werdet's nicht erjagen,

Wenn es nicht aus der Seele dringt

Und mit urkräftigem Behagen

Die Herzen aller Hörer zwingt."

(Johann Wolfgang von Goethe, Faust. Der Tragödie erster Teil)

3.3 Über die Heldenreise und Archetypen

Die Heldenreise beschreibt eine Art Erfahrungsmuster und Ablauf einer Geschichte, eine universelle Erzählstruktur, die jedem Bestseller und erfolgreichen Film zugrunde liegt, ob ‚Star Wars' oder ‚Alles steht Kopf', aber auch jeder persönlichen Biografie. Steve Jobs hat sich bei der Apple-Markenkommunikation und bei jeder seiner Präsentationen am Ablauf der Heldenreise orientiert. Die meisten Unternehmen erklären ihren Kunden, *was* sie tun, herstellen und verkaufen. Steve Jobs erzählte den Kunden, *warum* Apple das tut. In Form einer Heldenreise stellte er den Status quo infrage und sprach so all diejenigen an, die dies für sich selbst in Anspruch nahmen, die Kreativen und die Individualisten. „Think different" war der Slogan einer solchen Werbekampagne.

Was ist also die Heldenreise, worum geht es?

Es ist viel über sie geschrieben worden, jedes Buch über Storytelling geht darauf ein. Einige davon haben wir im Literatur- und Quellenverzeichnis am Ende des Buches aufgelistet. Hier ist nur Platz für einige Bemerkungen dazu. Der Literaturwissenschaftler und Mythenforscher Joseph Campbell hat weltweit über 4000 Mythen gesammelt und erkannte ein deutliches Muster. „Es wird seit Jahrtausenden nur eine einzige Geschichte wieder und wieder erzählt: ein Ur-Mythos, … die Reise des Helden!… Sie ist ein universeller Leitfaden fürs Leben. Er gilt fürs Lernen, Schreiben, für jeden kreativen Entstehungsprozess, fürs Erschaffen von Dingen. Die Heldenreise ist zu allererst eine innere, psychologische Reise, manchmal auch eine echte Reise" (Campbell 2011).

Zusammengefasst verläuft die Heldenreise so: Der Held soll seine gewohnte Welt verlassen. Er verweigert zunächst den Ruf des Abenteuers oder der neuen Aufgabe, begegnet dann aber einem Mentor, der ihm Rat oder Gegenstände gibt, die ihn auf seiner Reise unterstützen werden. Der Held entscheidet sich zu handeln, verlässt seine gewohnte Welt und überschreitet die Schwelle in die andere, fremde Welt. Er muss auf seiner Reise, auf der ihm Verbündete und Feinde begegnen, zahlreiche Abenteuer und Prüfungen bestehen, die ihn verändern und für die er schließlich belohnt wird. Am Ende kehrt er als neuer Mensch in seine alte Welt zurück. Diese verändert er wiederum mithilfe seiner Erfahrungen und Erkenntnisse. Eine Heldenreise stellt sich in der Dramenlehre von Aristoteles dar, wie auch in der zeitgenössischen Dramaturgie. Den Transfer der Heldenreise für die Konzeption von Events überlassen wir euch, den Kreativen. Nur so viel: Stellt euch zunächst immer die Frage, wer ist der Held, mit dem sich das Publikum identifizieren mag? Der Held sollte, wie bereits beschrieben, niemals das Unternehmen, die Marke, ein Produkt sein, damit die Botschaft der Veranstaltung auch gehört und erlebbar wird.

Aus welcher Perspektive erzählen wir die Heldenreise, mit welchen Charakteren und Motiven? Findet Entsprechungen für eure Veranstaltung: Wer übernimmt die Rolle des Mentors? Wie und womit unterstützt der Mentor den Helden? Wer sind Verbündete, Feinde? Wie sieht die gewohnte Welt aus? Wie die neue? Von welchen Prüfungen, Widerständen, Erfahrungen und Erkenntnissen soll erzählt werden? Vor allem: Was soll der Teilnehmer erleben? Was soll passieren? Welche Veränderungen sollen stattfinden? Welche Erfahrungen und Erkenntnisse soll er mitnehmen, damit von der Veranstaltung mehr in seiner Erinnerung bleibt, außer dass es hunderte von PowerPoint-Charts, lange Reden und jede Menge Alkohol gab? In diesem Sinne sollten sich alle Konzeptioner, Planer, Umsetzer und Mitwirkenden einer Veranstaltung als Reiseleiter und -begleiter begreifen.

Hierzu empfehlen wir abschließend noch die Beschäftigung mit C.G. Jung, dem Begründer der analytischen Psychologie. Joseph Campbell entdeckte das überkulturelle Erzählprinzip der Heldenreise, C.G. Jung das kollektive Unbewusste in Form von Archetypen (Jung 2018). Neben dem Bewusstsein jedes Menschen und dem persönlichen Unterbewusstsein, gibt es ein kollektives Unbewusstes, das a priori ist, also unabhängig von individueller Erfahrung. Es besteht aus Mustern, die C.G. Jung Archetypen nennt und auf die jeder Mensch vergleichbar reagiert. Einige Archetypen sind: der Held, die Hexe, der Zauberer, der Rebell, die Mutter, der Narr, der Engel, der Teufel, der Entdecker, der König, der Krieger. Mit ihnen lassen sich gut Geschichten erzählen. Sie schaffen Emotionalität, Aufmerksamkeit, Glaubwürdigkeit, Identifikation und Beteiligung. Mit ihrer Hilfe kann eine gute Verbindung zum Publikum hergestellt werden, sie lassen sich auf Menschen, Unternehmen und Marken übertragen.

Dramaturgie kommt von Drama

Dramaturgie kommt von Drama. Drama heißt Handlung. Das Drama ist neben Epik und Lyrik eine literarische Gattung, nämlich ein Bühnenwerk, ein Theaterstück. Die Texte sind auf Rollen verteilt und bestehen aus: Dialogen, Monologen, Regieanweisungen. Die Handlung ist in Akte, Szenen, Auftritte gegliedert. Dramaturgie meint die zeitliche Abfolge der Handlung, die Erzählstruktur, die Antwort auf die Frage: Was findet an welcher Stelle wie lange statt? Ob Theaterstück, Buch, Film, Computerspiel, Werbeclip, Guerilla-Aktion, Festakt, Tagung, Produktpräsentation oder Kongress, jedes Event, jeder Programmpunkt eines Events, alles, was etwas erzählt und Zeit umfasst, braucht eine Dramaturgie. Die Dramaturgie berücksichtigt immer auch die Spannungskurve und beantwortet Fragen wie: An welchen Stellen steigt die Spannung, wo liegt ihr Höhepunkt, wo liegen Verzögerungen, Wendepunkte, Überraschungen? Was ist der Anfang, was das Ende der Veranstaltung?

4.1 Anfang, Höhepunkt, Ende, Übergänge

Anfang

Der Anfang eines Events gibt bereits die Tonalität, den Charakter der Veranstaltung vor. Handelt es sich um eine konventionelle, eher klassische Veranstaltung oder um eine freche, laute, bunte, schräge? Der Anfang sollte möglichst direkt Interesse und Aufmerksamkeit der Teilnehmer wecken. Er kann überraschen oder Erwartungen erfüllen. Was aber ist der Anfang? Ist der Anfang der Moment, in dem sich die Türen öffnen oder der Moment, in dem das Licht im Raum dunkler und auf der Bühne heller wird? Oder bereits vorher?

Steve Jobs lud 2008 die Pressevertreter zur MacWorld mit der Ankündigung ein: „There's something in the air." Der Anfang der Veranstaltung lag bereits vor

© Springer Fachmedien Wiesbaden GmbH, ein Teil von Springer Nature 2023
D. Altenbeck und S. Luppold, *Inszenierung und Dramaturgie für gelungene Events*, essentials, https://doi.org/10.1007/978-3-658-40356-0_4

dem Zeitpunkt, an dem sich die Türen vom Moscone-Center in San Francisco öff-
neten. Mit der Einladung begann bereits die Dramaturgie, die Spannungskurve der
Veranstaltung. Wochenlang spekulierten Presse und Öffentlichkeit, was mit dem
geheimnisvollen „es liegt was in der Luft" gemeint sein könnte. Erst ganz am Ende
der Veranstaltung lüftete er das Geheimnis mit der scheinbar lapidaren Bemerkung
„Ach ja, da ist noch eine Sache…", so als hätte er es fast vergessen. Dann öffnete er
ganz langsam einen großen Briefumschlag und präsentierte den begeisterten Pres-
severtretern das dünnste und leichteste Notebook der Welt, das erste MacBook Air.
Das war das Geheimnis, das „in der Luft lag". Die Einladung zur Veranstaltung
bereitete schon den Höhepunkt des Events vor.

Höhepunkt
Jede Veranstaltung braucht einen Höhepunkt. Der wird oftmals besonders gut durch
einen vor ihm liegenden Kontrast zur Wirkung gebracht. Ein temporeicher Höhepunkt wird von einem langsameren Programmpunkt vorbereitet, ein lauter, von
einem leisen, ein heller, von einem dunklen. Bevor das Orchester spielt, spielt
nur eine Geige, vor einem Feuerwerk, brennt nur eine Kerze, vor dem genialen
Keynote-Speaker, spricht der schwächste Redner. Ja, auch schwächere Programmpunkte können dem Gesamtverlauf dienen. Einen Programmpunkt, der vor dem
Höhepunkt liegt und die Spannung verzögert, nennt man das retardierende Moment.

Ende
Der Höhepunkt des Events ist meistens auch das Ende. Das Ende muss nicht der
Moment sein, in dem das Licht auf der Bühne erlischt oder sich die Türen schließen.

Übergänge
Die Übergänge zwischen den einzelnen Programmpunkten sind für den Rhythmus
der Gesamtkomposition des Events von großer Bedeutung. Unsere Empfehlung:
immer kurze und schnelle Übergänge. Keine langen Wege! Es ist nicht spannend, jemandem zuzusehen, wie er auftritt, eine Position einnimmt und mir dann
Dinge erzählt, die ich selber gesehen habe oder die ich gleich sehen werde. Es
gibt die Möglichkeit von weichen oder harten Übergängen, von einheitlichen oder
uneinheitlichen Übergängen. Oftmals sorgt ein Moderator für die Übergänge einer
Veranstaltung. Wir persönlich finden Moderatoren bei einer Veranstaltung überbe-
wertet und verzichten am liebsten auf sie. Ausnahmen bestätigen die Regel. Sie
ziehen meistens zu viel Aufmerksamkeit auf sich, vor allem, wenn man sie aus dem
Fernsehen kennt. Um sie geht es aber nicht! Der Moderator tritt auf, begrüßt, kün-
digt den ersten Programmpunkt an, geht ab, ein Akteur tritt auf oder ein Film wird
eingespielt. Der Akteur sagt oder macht was, geht ab, der Moderator kommt wieder, moderiert den nächsten Programmpunkt an, geht wieder ab … und so weiter,

bis der Moderator sich verabschiedet. Das sind harte, einheitliche Übergänge. Hier weiß der Teilnehmer schnell, wie die Abfolge sein wird. Außerdem dauert das alles wahnsinnig lang. Oft wird die Abfolge mit einer Auf- und Abgangsmusik begleitet, häufig sogar mit derselben. Das ist konsequent. Konsequenz ist für uns aber in dem Kontext gleichbedeutend mit Schwäche. Konsequenz führt dazu, dass der Teilnehmer zwar Muster und Strukturen des Events erkennt, aber nichts erlebt, da für ihn alles absehbar ist. Absehbarkeit ist im Hinblick auf Dramaturgie und Spannung ein grundsätzlicher und schwerwiegender Fehler, für den es das schöne Wort „Kardinalfehler" gibt. Vermeide Absehbarkeit! Wir empfehlen stattdessen: mal so, mal so! Vielleicht mal ein Moderator für die Übergänge, mal nicht, mal Auf- und Abgangsmusik, mal dieselbe Musik, mal nicht, mal Staffelübergabe auf der Bühne, mal nicht, lass keine Einheitlichkeit erkennen, keine Idee, kein Konzept. Konsequenz ist Schwäche! Es muss etwas passieren, das geschieht aber nur, wenn sich nicht erfüllt, was erwartet wird. Verrate nicht den Ablauf der Veranstaltung. Lege keine ausgedruckten Programmabläufe auf die Sitzplätze, die detailliert aufführen, wer was an welchem Zeitpunkt und wie lange während der Veranstaltung macht. Absehbarkeit bedeutet Abwesenheit von Spannung, führt zum Verlust von Aufmerksamkeit und zur Langeweile. Bemerkung am Rande: Das Programmheft im Theater wurde als disziplinarische Maßnahme eingeführt, als Führer und Wegweiser durch den Abend. Die Zuschauer sollten lieber lesen, als sich während der Aufführung zu unterhalten. Auch Makellosigkeit langweilt: wenn alles sauber bis steril wirkt und es so aussieht, als ginge alles glatt über die Bühne. Bemühe dich darum, dass keine Fehler passieren und alles reibungslos funktioniert, baue aber immer Momente ein, die wie Fehler aussehen. Wir misstrauen dem Makellosen und Perfekten, weil es das im Leben nicht gibt, nur in der Vorstellung.

Ein- und Gleichförmigkeit im dramaturgischen Ablauf eines Events sollten unbedingt vermieden werden, beispielsweise Redebeiträge und Programmpunkte, die alle etwa gleich lang sind und sich gleichen in Art und Tonalität, in Form und Tempo. Ein Event sollte einer Mozartoper gleichen: Anfang, Ouvertüre, nur Orchester, abwechselnd Quartette, Terzette, Duette, Arien und Chor, dazwischen wieder auch mal nur Orchester, eventuell auch mal Dialoge.

Alle Texte, Teile, Gesangsnummern sind unterschiedlich lang, von einer Minute bis zehn Minuten, Tempo und Dynamik wechseln. Am Ende gibt es das große Finale, meistens der Höhepunkt der Oper, aber nicht immer. Alles, mal so, mal so! Wir laden euch ein, bei der Gesamtkomposition des nächsten Events einmal auf Kontraste, Brüche und Variationen bei Tempo, Dynamik, Personenanzahl und Dauer zu achten. Was im Übrigen die Chance schafft, dem Protagonisten typgerechte Auftritte zu ermöglichen: dem dynamischen Geschäftsführer, der im Stil von

Steve Jobs charismatisch referiert, ebenso wie der weniger rampentauglichen Führungskraft, die in einem kurzen Interview oder durch einen vorproduzierten Film präsentiert wird.

Tempo
larghissimo – sehr breit
grave – schwer
largo – breit, langsam
larghetto – etwas breit
adagio – langsam, ruhig
andante – gehend, schreitend
moderato – mäßig (bewegt)
allegro – schnell
presto – sehr schnell
prestissimo – äußerst schnell

Dynamik
pianopianissimo – äußerst leise
pianissimo – sehr leise
piano – sanft, leise
mezzopiano – halbleise
fortepiano – ziemlich stark
forte – stark, laut

4.2 Dramaturgie versus roter Faden

Jedes Event braucht eine Dramaturgie, keinen roten Faden. Ein Event mit rotem Faden gleicht häufig einer Nummernrevue unter irgendeinem Motto. Ein Kommunikationsinstrument im Dienst eines Zwecks und einer Botschaft ist ein solches Event nicht. Also, Hände weg vom roten Faden, auch er führt zu Absehbarkeit und Langeweile. Sollte allerdings die Veranstaltung von vornherein zwecklos sein und aus beliebigen Programmpunkten bestehen, die weder einen Inhalt noch Zusammenhang erkennen lassen, dann muss sich der Kreative etwas einfallen lassen, dann braucht es dringend irgendeine alles verbindende Idee, eine Über-Idee, damit die Leere nicht auffällt. Hier hilft es, in der alten Kreationskiste zu kramen, in der rote Fäden liegen namens „Formel 1", „Light your fire", „Magic Moments", „Feel your heart beat", „Brücken bauen", „Werte und Wandel",

„Neue Perspektiven", „Under the same sky" und so weiter. Mit einem roten Faden lassen sich Ideen für Bühne, Deko, Bilder, Musik, Keynote-Speaker, Fotowand, Catering und alle Programmpunkte wie Perlen miteinander verbinden. Das Event kann dann, obwohl weiterhin sinnlos, immerhin gut über die Bühne gehen. Das soll den Notfall beschreiben. Ansonsten: Lasst kreative Ideen bei der Konzeption eines Events weg! Das Wesentliche liegt im Sichtbaren oder Verborgenen des Unternehmens oder der Marke. Die Dramaturgie lässt sich ganz einfach aus dem Inhalt, dem Zweck und der Botschaft des Events entwickeln. Die Erfahrung zeigt: je weniger der Inhalt der Veranstaltung bei der Konzeption klar ist, mit dem dann eine Dramaturgie entwickelt werden könnte, desto lauter die Forderung des Kunden nach „kreativen" Ideen und dem roten Faden. „Mehr Inhalt, weniger Kunst!", heißt es in William Shakespeares Drama ‚Hamlet'. Das fordern wir auch vom Kunden. Vergesst den roten Faden!

Black.
Vorhang auf. Licht.

Entr'acte
Der Kreative bei der Konzeptarbeit – aus Rainald Goetz' Theaterstück „Jeff Koons"
(Goetz 2002)

er kratzt sich kurz am Kopf
kratzt sich am Hals
er ist erregt im Augenblick
Moment, er hat eine Idee, Idee?
woher, wieviel, warum? Moment
ich glaube
ich habe gerade einen Einfall
was war das eben für ein Ding?
der Einfall, die Idee?
wo kam das her?
und wer hat das gemacht?
und wie gemacht
vor allen Dingen?
er lacht kurz auf, er
langt sich wieder an den Kopf
steht auf, rennt auf und ab
und lacht und freut sich
scheinbar, offenbar
ä ä
sehr geil

sehr ja ja ja
er nimmt Papier zur Hand
man sieht ihn kritzeln
ich habs
ich habe es
genau genau
ja ja
ja ja
nee nee
nein nein
ä ä
er scheint zu irren
hat sich irgendwie verrannt
ein Zorn steigt hoch
was nun?
er schüttelt sich
er hat sich wieder
scheint zu schmunzeln, scheint zu lächeln
so oder so, oder so vielleicht sogar?
er scheint etwas zu erwägen
scheint etwas zu verwerfen
es macht ihm scheinbar Spaß auf irgendeine Art
ja ja ja ja
toll toll toll
ganz toll
genau so wird's gemacht

Black.

Mal angenommen, das Konzept für ein Event steht. Die WARUM-Frage ist beantwortet, der Zweck der Veranstaltung ist ebenso klar, wie die Frage, was erzählt werden soll. Die Botschaften sind in Geschichten gepackt, alle Programmpunkte wurden in eine Dramaturgie gebracht. Jetzt stellt sich die entscheidende Frage: Wie setzen wir das Konzept in Szene, wie bringen wir das Ganze wirkungsvoll über die Bühne? Wir schweifen jetzt zunächst nur scheinbar in die Theorie ab. Vorhang auf für die Inszenierung. Und Licht!

5.1 Das Dreieck der Rhetorik nach Aristoteles

Was ist für eine Inszenierung relevant? Was sind die wesentlichen Bausteine? Antworten darauf liefern wieder einmal „die alten Griechen", genauer gesagt, Aristoteles, der zu den bekanntesten griechischen Philosophen gehört. 384 geboren, 322 gestorben, vor Christus! Aristoteles hat sich unter anderem mit dem Thema Sprache und Kommunikation beschäftigt, mit Live-Kommunikation. Aristoteles beschreibt immer die Kommunikation, die gerade stattfindet, im Hier und Jetzt. Seine Erkenntnisse in seinen Schriften „Rhetorik" und „Poetik" gelten heute noch.

Logos
Aristoteles haben wir die Erkenntnis zu verdanken, dass zu jeder Kommunikation ein Sender und ein Empfänger gehören und Kommunikation einen Inhalt braucht. Sie braucht eine Absicht, ein Ziel, ein Thema, eine Antwort auf das Warum, auf Inhalt, Struktur, Folgerichtigkeit und Dramaturgie – siehe vorherige Kapitel. Logos nennt Aristoteles das Ganze in seiner Schrift ‚Rhetorik', für ihn ein wesentlicher

© Springer Fachmedien Wiesbaden GmbH, ein Teil von Springer Nature 2023   31
D. Altenbeck und S. Luppold, *Inszenierung und Dramaturgie für gelungene Events*,
essentials, https://doi.org/10.1007/978-3-658-40356-0_5

Bestandteil der überzeugenden Rede. Logos bildet neben Ethos und Pathos das Dreieck der Rhetorik nach Aristoteles.

Ethos

Eine überzeugende Rede braucht nach Aristoteles immer Ethos, einen Redner, eine Autorität mit sittlicher Gesinnung und Werten, mit einer verantwortungsbewussten Einstellung und ethischem Bewusstsein. Einfacher gesagt, Kommunikation braucht einen Sender, den wir für ehrlich, gut und glaubwürdig erachten. Es zeigt sich immer der ganze Mensch durch Mimik, Gestik, Körpersprache, Haltung, Kleidung, Stimme. „Eine Rede ist dann überzeugend, wenn ich zeige: Dies bin ich, und ich meine es so, wie ich es sage", so formulierte es der Rhetorikprofessor Walter Jens. Wirkt ein Redner nicht glaubwürdig auf den Empfänger, dann kann er sagen, WAS er will und sagen, WIE er es will, er wird seine Botschaft nicht überzeugend vermitteln können. Der Redner muss im Moment seiner Rede glaubwürdig wirken, seine Glaubwürdigkeit wird aber auch an dem gemessen, was er bereits vor seiner Rede sagte und tat. Ein Vorstandsvorsitzender eines Unternehmens, der beispielsweise durch Widersprüche und Falschaussagen in der Vergangenheit aufgefallen ist, sollte keine Rede halten. Er wird nicht überzeugen können. Da kann ihm kein Coach der Welt helfen.

Wir nehmen einen Redner als glaubwürdig und echt wahr, wenn wir den Eindruck haben, da glaubt jemand, was er sagt und er sagt, was er denkt, er täuscht mich nicht. Ein guter Redner spricht nur über Dinge, die er selber durchdrungen und verstanden hat, von denen er überzeugt ist und die er guten Gewissens vertreten kann. Was ein Redner denkt und sagt, muss auf mich widerspruchsfrei wirken, ich muss ihm glauben und vertrauen können. Hier kommt die Individualität des Redners ins Spiel. Sie sollte immer erkennbar sein und auf gar keinen Fall versteckt werden. Ein guter Coach kann einen Redner dabei unterstützen, seine Individualität sichtbar zu machen, kann den Redner spiegeln, ihm eine Außensicht beschreiben und diese mit der Innensicht des Redners abgleichen. Ein guter Coach gibt dem Redner so die Möglichkeit, sich klar zu machen: Willst du so wirken, wie du wirkst? Dabei sollte der Redner weniger einem Ideal entsprechen, als vielmehr zeigen, wie er ist, was er zum Thema zu sagen hat, was seine Erfahrungen sind. Individualität und Emotionalität unterstützen dabei seine Glaubwürdigkeit.

Ein paar allgemeine Empfehlungen für Redner

Beschäftige dich zur Vorbereitung deiner Rede mit dem Thema Dramaturgie und Storytelling, berücksichtige deren Regeln und Gesetze. Bereite deinen Vortrag fachlich gut vor, mache deine wenigen Kernaussagen deutlich. Habe keine Angst vor Wiederholungen! Nicht nur an der Hochschule sprechen wir davon, dass die Wiederholung die Mutter der Didaktik ist.

Vermeide nach Möglichkeit Zahlen oder verdeutliche sie wenigstens mit einer Geschichte. Vergiss bei der Verfertigung deiner Rede niemals den Zweck. Nervosität oder sogar Angst kennen alle Redner vor dem Auftritt. Versuche gar nicht erst, darüber nachzudenken und dagegen zu arbeiten, es ist sinnlos! Beschäftige dich lieber mit Dingen, die vor dir liegen und auf die du Einfluss hast. Aller Anfang ist bekanntlich schwer. Bedanke dich am Anfang deiner Rede nicht. Wenn, dann nur kurz und ohne Floskeln. Übertreibungen wie „hochverehrte", „außerordentlich froh und dankbar" oder jede Form von Verbal-Schleimerei solltest du vermeiden (siehe hierzu auch „Event-Protokoll" von Lohrisch und Luppold 2021). Auch Oberlehrerattitüden wie „ich hoffe, sie werden mir folgen können" sind kein guter Start. Gehe nicht davon aus, dass man sich für deine Rede interessiert. Schaffe Interesse! Beginne mit etwas Unerwartetem, etwas Leichtem, Persönlichem oder Humorvollem, mit etwas gerade erst Erlebtem, einem kleinen Missgeschick, einer kurzen persönlichen Geschichte oder Bemerkung aus deinem Leben. Halte deine Rede möglichst frei, lies nicht ab. Schreib dir höchstens ein paar Stichworte auf Karteikarten oder Referentenfolien, für dein sichereres Gefühl.

Erinnerungsstützen und Hilfsmittel sind aber nicht notwendig, wenn du deine Rede vorher so lange übst, so oft wiederholst, bist du dich frei fühlst. Sei bei deiner Rede körperlich und geistig anwesend. Halte Blickkontakt zum Publikum, schenke ihm Aufmerksamkeit. Zeige auch du Interesse an dem, was gerade passiert, reagiere auf das Publikum und deine Umgebung, sei offen und neugierig. Setze Akzente, mache nach Sätzen, die dir besonders wichtig sind, Pausen und halte die kurze Stille währenddessen aus. Wenn du dich versprichst, während deiner Rede einen Fehler bemerkst, ärgere dich nicht, konzentriere dich auf das, was vor dir liegt. Sage, was du denkst und tue, was du sagst. Sei persönlich, menschlich und emotional. Bleibe du selbst. Eine knapp gehaltene abschließende Zusammenfassung deiner Rede mit einer Kernbotschaft oder einer Handlungsempfehlung kann gut passen, mehr sollte sie aber nicht beinhalten. Eine Pointe, eine kurze humorvolle Bemerkung am Ende wäre schön. Bedanke dich am Schluss bitte nicht. Sei nach deiner Rede kritisch mit dir. Hole dir Feedback ein, überprüfe das Feedback, nimm Kritik und Anregungen an, die dich überzeugen und von denen du glaubst, dass sie auch umsetzen kannst. Eine Rede, ein Auftritt vor anderen, birgt immer auch das Risiko des Scheiterns.

Das kann dann an den Umständen liegen, an den Zuhörern oder eben auch an dir, an deiner Tagesform oder weil du vielleicht nicht gut vorbereitet warst. Bleibe immer ehrlich und mutig, begib dich ins Risiko. Bleibe glaubwürdig, überzeuge, nur so kann der Funke überspringen.

Apropos „der Funke überspringen". Es gibt eine schöne Geschichte über die Rede des schwarzen Baptistenpastors und Bürgerrechtlers Martin Luther King Jr., die er im August 1963 hielt. Bis in den frühen Morgen feilte er zusammen mit seinem Coach an dem Manuskript, der ihn beschwor, auf keinen Fall die Formulierung „I have a dream" zu verwenden, die King als Pfarrer oft und gern in seinen Predigten benutzte. Sein Coach meinte, die Formulierung klinge zu abgedroschen, die Rede müsse aber dem historischen Ereignis angemessen und einzigartig sein. 250.000 Menschen versammelten sich zum „March on Washington for Jobs and Freedom". Vor ihnen begann Martin Luther King dann also mit seiner gut vorbereiteten Rede. Da seine Botschaft wichtig war und es auf jede Formulierung ankam, las er ab, die Sätze geschliffen, alles perfekt und ohne Fehler vorgetragen. Doch nach über zehn Minuten zeigten die versammelten Zuhörer keine Reaktion, still und teilnahmslos standen sie alle vor ihm. Der Funke sprang einfach nicht über und Martin Luther King kam heftig ins Schwitzen. Bis schließlich die Gospelsängerin Mahalia Jackson, die ihn gut kannte und oft seine Predigten hörte, ihm leise zurief: „Martin, tell ‘em about your dream". In Minute elf löste er sich dann von seinem Manuskript und rief emotional aufgewühlt und von seinem Manuskript befreit in die Menge: „I have a dream." Was dann folgte, gilt als Sternstunde in der Geschichte der Rhetorik und als Höhepunkt der schwarzen Bürgerrechtsbewegung.

Pathos
Neben Logos und Ethos bildet Pathos einen Teil des Dreiecks der Rhetorik nach Aristoteles. Eine überzeugende Rede braucht immer einen Empfänger. Ein Redner, der allein zu Hause über einen Inhalt spricht, kann niemanden überzeugen, höchstens sich selbst. Unter Pathos versteht man heute umgangssprachlich eine künstliche, theatralische, emotional übertriebene und hohle Ausdrucksform. Viele denken dabei auch an die Rhetorik der Nazis, an die Reden Adolf Hitlers, der damals für viele Deutsche ein mitreißender Redner war, dem aber – im Sinne Aristoteles' – zu einer überzeugenden Rede die ethische Integrität fehlte.

Bei den Reden Hitlers handelt es sich weniger um überzeugende Reden als um Manipulation und Demagogie. Aristoteles versteht unter Pathos den echten emotionalen Appell einer Rede an das Publikum, unterstützt von Wortwahl, Stimmführung, Mimik und Gestik.

Heute würde man sagen, eine Rede, eine Präsentation, eine Veranstaltung muss das Publikum immer auch emotional ansprechen, ehrlich und echt, nicht emotional überwältigend. Ohne Gefühl wird nichts behalten. Überwältigung ist kein Gefühl. Es erscheint zunächst selbstverständlich, ist es aber nicht: Verachte dein Publikum nicht. Unterschätze es auch nicht. Oftmals haben wir erlebt, dass Theaterleute, Regisseure, Intendanten, Dramaturgen, Schauspieler ihr Publikum für blöd halten.

Wir kennen Konzeptioner von Events, die die Zielgruppe einer Veranstaltung für blöd halten oder auch die ganze Veranstaltung. Diese Geringschätzung, mangelnde Achtung und Respekt dem Publikum (die ja auch Gäste sind!) gegenüber, selbst wenn sie nur unbewusst besteht, zeigt Wirkung und wird als Arroganz wahrgenommen. Eine echte und ehrliche Wertschätzung dem Publikum und der Veranstaltung gegenüber kann umgekehrt eine Brücke zu den Menschen bauen, eine Basis, die Vertrauen schafft und Kommunikation auf Augenhöhe ermöglicht. Ach ja, da ist noch eine Sache: die Länge der Redebeiträge. Grundsätzlich dauern alle Beiträge viel zu lang. Hierzu gibt es zwei passende Zitate: „Tritt fest auf, mach's Maul auf, hör bald auf!" (Martin Luther) und „Man kann über alles reden, nur nicht über zehn Minuten" (Kurt Tucholsky). Die Aufmerksamkeit des Publikums zu bekommen ist nicht so schwer, sie zu halten dagegen sehr. Bei Präsenzveranstaltungen kann das über einen längeren Zeitraum noch gelingen, hier ist der Zuschauer als „eigener Kameramann" aktiv und kann zum Beispiel heranzoomen, in die Totale gehen. Bei digitalen Veranstaltungen ist es erheblich komplizierter, die Aufmerksamkeit der Zuhörer zu halten. Wie oft haben wir bei einer Onlineveranstaltung, die um zehn Uhr begann, nach zwei Stunden auf die Uhr geschaut, da war es erst halb elf. Eine kanadische Studie hat vor einigen Jahren erforscht, dass die durchschnittliche Aufmerksamkeitsspanne des Menschen 8 s beträgt. Die Aufmerksamkeitsspanne eines Goldfisches beträgt übrigens 9 s. Die beschriebenen Regeln und Empfehlungen für Redner gelten auch für Redebeiträge in einem digitalen Format. Hier sollten sie aber generell kürzer sein. Fasse dich kurz, beschränke dich auf Kernbotschaft und Kernaussage, wiederhole sie und komme zum Ende. Wichtige Dinge, die du nicht in der Kürze unterbringst, kannst du später in anderer Form nachreichen. Eine wichtige Frage bei einem Digitalformat ist auch immer: Wo bekomme ich meinen Text her? Wenn du deine Rede nicht frei halten kannst, dann schreibe dir Stichworte auf Karten. Bei Präsenzveranstaltungen stehen die Texte oder Stichworte auch oftmals auf Monitorbildschirmen vor dem Redner. Das Ablesen „verspielt" sich hier meistens und wird von den Zuschauern gar nicht bemerkt. Anders bei digitalen Veranstaltungen. Wenn du den Text auf einem Monitor unter der Kamera abliest, fühlt sich der Zuschauer nicht angesprochen. Er sieht, dass du abliest und ihn nicht direkt ansprichst. Dabei wäre es die Aufgabe, über den Blick ein erotisches Verhältnis mit der Kamera aufzubauen. Der Umgang mit Telepromptern wie bei Nachrichtensendungen muss gut geübt werden, damit der Sprachfluss natürlich wirkt und ein passendes Tempo hat.

5.2   Inszenierung

Was sind die wesentlichen Elemente einer Aufführung? Was ist relevant bei einer Veranstaltung? Klar, Geld und Organisation! Logos, Ethos und Pathos beschreibt Aristoteles in seiner Schrift „Rhetorik" (Aristoteles 2019). In „Poetik" beschäftigt er sich mit der Wirkung auf den Zuschauer, die nicht durch Effekte, sondern den Handlungsaufbau erfolgen solle (Aristoteles 1994). Er beleuchtet qualitative Teile wie Handlung und Plot (Mythos), die sprachliche Form (Lexis), das Visuelle, die Inszenierung (Opsis) und die Tonfolge, die Musik (Melos). Die Inszenierung eines Events sollte alle Sinne ansprechen. Das Sehen gilt als der wichtigste Sinn. Opsis heißt so viel wie Aussehen und bezeichnet das Sichtbare, das nach dem Gedanken und dem gesprochenen Wort kommt. Eine Inszenierung braucht zunächst einmal einen Raum, in dem sich die Botschaft erzählen lässt und die beabsichtigte Atmosphäre entstehen kann.

Raum
Erst braucht es das Konzept der Veranstaltung, dann sucht man einen passenden Raum, der im besten Fall das Konzept nicht nur ermöglicht, sondern unterstützt. Die logistischen Anforderungen müssen natürlich im Vorfeld geklärt sein: Raumgröße für Gästezahl und Bestuhlungsplan, Erfüllung der Versammlungsstättenverordnung, Erreichbarkeit, bei Bedarf genügend Übernachtungsmöglichkeiten in der Nähe, Laderampe, Anlieferungsmöglichkeiten, Parkplätze, Heizung, Akustik, Stroman-schlüsse, WLAN, behindertengerechte Toiletten, Verdunklungsmöglichkeiten und so weiter. Ein Veranstaltungsraum ist aber eben auch mehr als eine logistische Notwendigkeit.

Grundsätzlich stellt sich bei der Wahl des Raumes die Frage: Ist es im Sinne des Konzepts richtig, einen Raum zu bauen oder einen passenden Raum zu nutzen? Eine Veranstaltungs- oder Messehalle beispielsweise, also ein leerer Raum, hat keinen Charakter, kann aber viel ermöglichen (Abb. 5.1). Hier lässt sich im Sinne des Konzepts eine eigene Welt erschaffen.

Ein bereits vorhandener Raum hat (fast) alles. Er ist einzigartig, hat Charakter und Atmosphäre, erzählt Geschichten, Inhalte und Werte. Ein solcher Raum wird den Stil der Veranstaltung prägen. Er bietet viel, die baulichen Gestaltungsmöglichkeiten sind jedoch begrenzt. Hier sollte das Vorhandene genutzt werden.

Nehmen wir die ehemalige Lungenklinik Grabowsee (Abb. 5.2). Sie liegt am Rande Berlins, stammt aus der Kaiserzeit und ist bei Ruinentouristen sehr beliebt. Eine Produktpräsentation eines Kosmetikunternehmens könnte hier pas-sen. Innovationstage eines Softwareunternehmens eher nicht. Ein Zukunftskongress wird vermutlich in einer bröckelnden Fünfziger-Jahre-Stadthalle oder in einem

Abb. 5.1 Messehalle in Düsseldorf. (Quelle: www.sbp.de)

Abb. 5.2 Lungenklinik Grabowsee. (Quelle: www.wackenberg.com)

Achtziger-Jahre-Tagungshotel nicht die adäquate Location finden. Der Jubiläums-festakt ‚Symphonie der Sinne' eines Unternehmens für Augenoptik kann in einem Konzerthaus gut passen. Vorhandene Räume haben ein dramatisches Element, das das Konzept unterstützen oder ihm schaden kann. Daher unbedingt erst das Konzept, dann den passenden Raum wählen. Form follows content!

Der Gast einer Veranstaltung, der einen ihm unbekannten Raum betritt, schaut sich zunächst um und fragt sich: Wohin? Zu seiner Orientierung hilft ein optisches Zentrum, ein Ankerpunkt. Das kann eine große Bühne sein oder ein Objekt unter der Decke des Raumes, ein Perpetuum Mobile beispielsweise. Der Gast sucht zunächst einen Platz, der ihm Sicherheit und Orientierung bietet, einen Platz, wo er sich hinstellen oder hinsetzen kann, das kann eine Bar sein, irgendein Sitzplatz oder der für ihn vorgesehene Platz. Ausführlich hat das Christian Mikunde in seinem Buch „Marketing spüren – Willkommen am Dritten Ort" für Erlebniswelten der Wirtschaft (Flagship Stores, Brandlands und hippe Lokale) beschrieben.

Bühne
Die Bühne ist der Ort, an dem eine Aufführung oder Darbietung stattfindet. Meist ist die Bühne ein erhöhtes Podium und die Zuschauer sitzen davor. Man spricht hier von einer Frontal- oder Guckkastenbühne (Abb. 5.3). Die Zuschauerreihen sind meist ähnlich breit wie die Bühne. Eine Bühne braucht Zugangswege für die Akteure. Von vorne, von den Seiten, von hinten, von oben oder unten, beispielsweise in Form einer Treppe, Rampe, eines Fahrstuhls, Krans oder einer Rutsche. Eine interessante Frage ist dabei immer, ob es von Vorteil ist, die auf- und abgehenden Akteure zu sehen – oder nicht? Wie lange dauern diese Wege, was macht der Akteur in dieser Zeit, welchen Einfluss haben diese Gänge auf den zeitlichen Ablauf der Veranstaltung? In den meisten Fällen empfiehlt sich ein kurzer sichtbarer Auftritt und Abgang für schnelle Übergänge. Die Akteure stehen beispielsweise für die Zuschauer unsicht-bar an den Seiten der Bühne, warten dort auf ihren Auftritt, machen dann wenige Schritte und sind dort, wo sie sein sollen. Das empfiehlt sich vor allem, wenn eine Veranstaltung ein häufiges Auf- und Abtreten von Akteuren notwendig macht. Das geht einfach schneller, schreit auch nicht jedes Mal nach einer begleitenden Musik. Besondere Auf- und Abgänge lassen sich besonders inszenieren. Der Seniorchef eines Unternehmens kann beispielsweise nach einer feierlichen Ankündigung von der letzten Zuschauerreihe aus, begleitet vom tobendem Applaus, auf die Bühne gehen.

Neben der klassischen Guckkastenbühne gibt es weitere Bühnenformen. Die Bühne des Theaters im antiken Griechenland bestand aus einer kreisförmigen, ebenerdigen Hauptspielfläche (Orchestra). Die ansteigenden Sitzreihen befanden sich halbkreisförmig davor, hinter der Orchestra war eine rechteckige Erhöhung

Abb. 5.3 Guckkastenbühne in der Opéra Garnier in Paris. (Quelle: https://parisetvous.blo gspot.com/2011/09/paris-opera-garnier.html)

(Proskenion), mit einem Bühnengebäude (Skene). Siehe Dionysostheater, das wir am Anfang dieses *essentials* vorgestellt haben (Abb. 1.1).

Die Shakespearebühne des elisabethanischen Theaters des späten 16. und frühen 17. Jahrhunderts bestand aus einer Vorderbühne, die in den Zuschauerraum hineinragt und von drei Seiten eingesehen werden konnte und einer Bühnenrückwand, sowie einer Oberbühne, die Bestandteil einer Zuschauergalerie war. Ein Teil der Zuschauer stand ebenerdig vor der Vorderbühne des Rundbaus, die meisten Zuschauer saßen in Logen auf übereinanderliegenden Galerien und schauten von oben steil auf den unteren Spielort (Abb. 5.4).

Ein Sportartikelhersteller hatte vor einigen Jahren eine ähnliche Bühnensituation hergestellt. Die Zuschauer sahen von mehreren übereinanderliegenden Galerien steil nach unten auf eine videoanimierte Projektionsfläche, auf der die Akteure neue Sportschuhe präsentierten.

Die Arenabühne des 20. Jahrhunderts hat antike Sport- und Zirkusarenen zum Vorbild (Abb. 5.5). Die meist gestuften Zuschauerreihen sind um die zentrale Spielfläche angeordnet. Das Publikum sitzt hier sehr dicht am Geschehen. Für die

Abb. 5.4   Bühne in Form einer klassischen Shakespearebühne. (Quelle: Tagesspiegel)

Abb. 5.5   Arenabühne. (Quelle: Circus Krone)

Akteure, die 360 Grad bespielen müssen, ist eine Arenabühne allerdings eine große Herausforderung.

Die Trennung von Zuschauerraum und Bühne wurde beim ‚Totaltheater', auch ‚Raumtheater' genannt, von Erwin Piscator, Walter Gropius und Antonin Artaud in der Zeit des ‚Bauhaus' nach dem 1. Weltkrieg aufgehoben. Hier gab es mehrere variable Spielflächen. Es wurde quasi überall gespielt, oftmals simultan. „Wir schaffen Bühne wie Zuschauerraum ab. Sie werden ersetzt durch eine Art von einzigem Ort ohne Abzäunung oder Barrieren irgendwelcher Art …. Zwischen Schauspieler und Zuschauer wird wieder eine direkte Verbindung geschaffen werden, denn der im Zentrum der Handlung befindliche Zuschauer wird von ihr umhüllt und durchzogen", schrieb Antonin Artaud 1932 in seinem ersten Manifest in ‚Das Theater der Grausamkeit' (Artaud 1995). Detlef Altenbeck selbst hat einmal eine Veranstaltung in einem ‚Raumtheater' inszeniert. Der Raum, der leider vor dem Konzept gebucht worden war, bestand aus mehreren nebeneinanderliegenden Tagungsräumen und war für eine klassische Bühnen- und Zuschauersituation völlig ungeeignet. Die Gäste saßen in allen Räumen verteilt. Statt einer Bühne entschied man sich, mehrere Spielflächen jeweils mit einem Möbel oder Requisit zu markieren und auszuleuchten. Akteure und Aktionen wurden gefilmt und auf große Bildschirme, die in allen Räumen verteilt waren, übertragen. Da es während der Veranstaltung viel Bewegung der Akteure durch die Räume und in unmittelbarer Nähe der Gäste gab, hat sich für die Zuschauer ein direktes Live-Erlebnis ereignet. Der architektonische Nachteil des Raumes hat der Veranstaltung zu einem Erfolg verholfen.

Eine ganz besondere Bühne, genauer gesagt, einen ganz besonderen Raum, konnte man 2006 bei der RuhrTriennale in der Jahrhunderthalle in Bochum erleben (Abb. 5.6). Bei der Inszenierung der Oper „Die Soldaten" von Bernd Alois Zimmermann saßen bis zu 900 Zuschauer auf einer fahrbaren Tribüne, die sich während der Aufführung über und auf beiden Seiten eines 120 m langen Bühnenstegs bewegte. Auf diesem Steg waren durchgehend verschiedene Bodenbeläge und Bühnenbilder, die für den Zuschauer während der Fahrt nach und nach sichtbar wurden. Den Komponisten interessierte an der literarischen Vorlage von Jakob Lenz, das Überzeitliche: Zukunft, Gegenwart und Vergangenheit. Die Inszenierung von David Pountney und die Bühne von Robert Innes Hopkins wollten mit dem gigantischen Steg einen linearen Zeitstrahl erzählen, an dem die Zuschauer mithilfe der aufwendigen Mechanik hin- und herbewegt wurden.

So sollte sinnbildlich ein Vorwärts und Rückwärts in Ort und Zeit im doppelten Wortsinn „erfahrbar" werden. Im Raum, auf den einzelnen Bühnensegmenten, konnten mehrere Szenen gleichzeitig spielen. Dadurch, dass die gesamte Tribüne durch die Halle gefahren wurde, gingen für die Zuschauer die räumlichen und zeitlichen Fixpunkte verloren.

Abb. 5.6 Bühnenbild bei der RuhrTriennale 2006. (Quelle: Michael Kneffel)

Ein Erlebnis wie in einem Bahnhof, wenn man im Zug sitzt und beim Blick aus dem Fenster nicht unterscheiden kann, ob sich der eigene Zug oder der auf dem Nachbargleis bewegt. Konzept, Raum, Bühne ergaben hier ein stimmiges Ganzes und ein unvergessliches Erlebnis.

Bühnenbilder von Events schaffen selten ein stimmiges Ganzes und ein unvergessliches Ereignis. Das Bühnenbild eines Events gleicht fast immer einem Fernsehstudio und erinnert an TV-Magazine, TV-Nachrichten, TV-Talksendungen, Late-Night-Shows. Rückwand mit Licht, Projektionen, Bildschirm, LEDs, davor Stehtisch und/oder Stühle, Sessel, Sofa. In der Wirkung zweckdienlich, zweidimensional, clean, makellos, phantasielos und langweilig. Übrigens: Ein Redner vor einer technisch beeindruckenden Wand, sollte dem Anspruch, den der Hintergrund formuliert, auch gerecht werden. Ein mittelmäßig begabter Redner vor einer Wand mit 3D Mapping kann nur verlieren, helfen kann ihm der Hintergrund nicht. Ein mittelmäßiger Redner neben einem alten Diaprojektor, vor einer Diaprojektion, kann hingegen gewinnen.

Hybride und insbesondere digitale Veranstaltungsformate ahmen leider immer Fernsehformate nach, nur, dass sie natürlich schlechter gemacht sind als Fernsehen, eher Lokalfernsehen aus der Provinz ähneln, weil von allem weniger vorhanden ist.

Weniger Kameras, weniger Licht, weniger Geld, weniger Know-how. Das sieht man dann auch. Ein Event das fernsehlike daherkommt, muss sich auch mit Qualität und Anspruch des Fernsehens messen lassen. Das Studio für Tagesschau und Tagesthemen hat 23,8 Mio. Euro gekostet. Die Tagesschau verzichtet bewusst auf Virtualität, auf virtuelle Animationen. Das reale, „anfassbare Studio" soll Vertrauen schaffen. Events nutzen gern die Grundidee von Fernsehstudios, dann auch mit wechselnden Raumprojektionen und Avataren in einer Green Box. Sie zeigen „alles Fake" und machen die Begriffe „Optik-Firlefanz" und Beliebigkeit sinnbildlich. Vorsicht vor der gedankenlosen Nachahmung von Fernsehen. Nicht alles, was technisch machbar ist, ist sinnvoll. Die Technik muss immer dem Zweck der Veranstaltung dienen, im Dienst dessen stehen, was erzählt werden soll. Auch hier: Weg mit dem schnellen Reiz des Wow-Effekts, der optischen Überwältigung. Stattdessen: Mehr Phantasie wagen!

Bestuhlung

Die Bestuhlung einer Veranstaltung ergibt sich oftmals aus der Botschaft und der daraus resultierenden Raum- und Bühnenumsetzung, manchmal leider auch aus einer Notwendigkeit, nämlich der vorhandenen Raumgröße und notwendigen Teilnehmerzahl. Die Platzierung eines Zuschauers/Teilnehmers vermittelt immer auch Wertschätzung, das weiß jeder, der einmal in einem Theater in der letzten Reihe vor einer Säule saß. Wir kennen den Satz: „Bei uns sitzen sie in der ersten Reihe", das meint: „Sie sind uns wichtig, bei uns liegen, genauer gesagt, sitzen Sie, ganz weit vorne auf der Wertschätzungsskala. Hier können Sie alles gut sehen, das Dargebotene gut verfolgen, hier sind Sie nah dran!" Sicht und Abstand zum Geschehen ermöglichen oder verunmöglichen Wertschätzung, Aufmerksamkeit, Wohlbefinden, Bewegungsfreiheit, Teilnahme und Interaktion. Die meisten Bestuhlungsformen ergeben sich aus den Bühnen einer Theatersituation. Bei einer klassischen Theater- und Kinobestuhlung (siehe auch Guckkastenbühne, Abb. 5.3, und Dionysostheater, Abb. 1.1) stehen die Stühle in Reihen direkt hintereinander, beziehungsweise sind sie auf Lücke gestellt.

Bei einer Kabarettbestuhlung stehen jeweils ein paar Stühle um viele kleine Tische, die im ganzen Raum verteilt sind. Die Stühle mit dem Rücken zur Bühne fallen dabei meistens weg.

Neben dem guten Blick aus der ersten Reihe kann in bestimmten Situationen auch eine potenziell schlechtere Sicht, jedoch die beste Sicht aller anderen Teilnehmer auf die betreffende Person, sinnvoll sein. Die Königliche Loge (Royal Box) im Londoner Royal Opera House ist nicht etwa dort, wo man mit geradeaus gerichtetem Blick das Bühnengeschehen optimal verfolgen kann – sondern direkt vorne als erste Loge des sogenannten Grand Tier: Hier ist ein bestmöglicher

Blick der Besucher auf die anwesenden Vertreter des Königshauses garantiert! Und bei populären Show-Produktionen sitzen die kommunalen Würdenträger (Oberbürgermeister, Landrat etc.) meist in der ersten Reihe: Da werden sie sicher von Kameraschwenks eingefangen, sehen jedoch gerade durch Kameras und das notwendige Personal (Kameraleute, Kabelträger etc.) sehr eingeschränkt auf die Szenenfläche. „Gesehen werden" hat dann Priorität!

Die Sinne

Je wirkungsvoller die Inszenierung eines Events die Sinne der Teilnehmer anspricht, desto länger bleibt das Event in Erinnerung. Neben den klassischen fünf Sinnen: Sehen, Hören, Riechen, Tasten und Schmecken kennt die moderne Physiologie noch weitere Sinne: den Temperatursinn (die Temperatur in einem Veranstaltungsraum muss kontrollierbar sein. Sie kann eine Veranstaltung ruinieren), Gleichgewichtssinn, Schmerzempfindung und Selbstwahrnehmung.

Ein paar kurze Bemerkungen zu den klassischen fünf Sinnen im Hinblick auf die Inszenierung:

Sehen Das Auge folgt der Bewegung. Unsere Augen suchen Veränderungen im Bild. Ein Redner, der sich auf einer Bühne bewegt, erhält mehr Aufmerksamkeit als ein bewegungsloser Redner hinter einem Rednerpult. Je schneller eine Bewegung, desto mehr wird der Blick davon angezogen. Zu viele schnelle Bewegungen, eine zu schnelle Bilderfolge überfordern Augen und Gehirn.

Ein weiterer wichtiger Aspekt sind Licht und Farben. Helles, dunkles, warmes und kaltes Licht, Lichtwechsel und Kontraste sind wichtige Mittel für Inszenierung, Dramaturgie, Ablauf, Struktur und Übergänge von Programmpunkten. „Die Farben sind Taten des Lichts, Taten und Leiden", sagte Goethe, dessen Farbenlehre für viele eine dauerhafte Provokation ist. Farben aktivieren, entspannen, regen auf oder können aggressiv machen, kühlen und wärmen. Der Zeitfaktor spielt eine entscheidende Rolle: eine Farbe kurz einzusetzen kann gut sein, zeigt sich eine Farbe zu lang, kann das schaden. Die Frage, wie das Essen einer Veranstaltung im vorgesehenen Licht aussieht, empfehlen wir dringend zu beantworten und zu überprüfen. Jede Veranstaltung braucht ein durchgehendes Licht- und Farbkonzept.

Hören Rationales Begreifen hängt zum größten Teil vom Sehen ab, während die emotionale Bewertung hauptsächlich vom Hören beeinflusst ist. Je weniger wir sehen, desto mehr hören wir. Alles was wir hören, wird zunächst im Limbischen System des Gehirns wahrgenommen. Sprache und Musik gelangen ins Bewusstsein, akustische Eindrücke wie Raumklang, Hintergrundmusik oder Gemurmel werden nur unterschwellig wahrgenommen. Permanente und laute

Nebengeräusche haben jedoch negativen Einfluss auf unsere Gefühlswelt. Tief-frequente oder archaische Klänge wie Herzschläge, Babylaute, Wind und Wellen haben eine beruhigende Wirkung. Musik und Soundeffekte können Spannung erzeugen oder abbauen.

Riechen Gerüche spielen bei der Inszenierung nur eine geringe Rolle. Eine gezielte Beduftung ist von vornherein technisch schwierig umzusetzen. Vor allem aber sind Gerüche nicht zielgerichtet einsetzbar. Assoziationen und Reaktionen sind sehr individuell. Eine kurze Verstärkung eines visuellen Elements durch einen passenden Duft kann aber gut funktionieren. Geruchsbelästigungen müssen vermieden werden.

Tasten Das Umfeld des Teilnehmers sollte in erster Linie seinen Tastsinn nicht irritieren. Bei Produktpräsentationen ist der Tastsinn gut einzusetzen, außerdem vermittelt er Wertigkeit, beispielsweise durch die Materialität von Möbeln, Tischdekoration, Gläsern, Geschirr.

Schmecken Der Geschmackssinn spielt bei der Inszenierung eine vergleichbar kleine Rolle, wenn es um die Vermittlung von Inhalten geht. Wertigkeit in Form guten Essens kann dem Teilnehmer einer Veranstaltung sehr wohl vermittelt werden. Zum Thema Essen und Inszenierung empfehlen wir beispielsweise Jörg Sellerbeck, einen gustatorischen Szenographen.

Kostüme

Die Frage der Kostüme wird bei der Konzeption und Erarbeitung von Events meistens sträflich vernachlässigt und als Privatangelegenheit der Akteure ausgeklammert. Anders im Theater. Bereits bei der ersten Probe, der sogenannten Konzeptionsprobe, bei der das Regieteam den Akteuren Konzept, Ablauf, Textfassung, musikalische Fassung, Bühnenbild, Licht- und Medienkonzept vorstellt, werden auch Kostümentwürfe präsentiert, meistens in Form von Zeichnungen (Figurinen). Zu den Proben vor den Endproben/Hauptproben gibt es Probenkostüme, die den Originalkostümen ähneln, inklusive Schuhe. Kostüme und Schuhe beeinflussen im positiven wie negativen Sinne Bewegungsfreiheit, Körperhaltung und ‚Feeling‘ der Akteure. Das Regieteam hat bei der Vorbereitung einer Theateraufführung auch bedacht, was das jeweilige Kostüm über den einzelnen Akteur erzählt und ob die Kostüme zusammenpassen, beziehungsweise wie sie im Bühnenbild und im vorgesehenen Licht wirken. Wir möchten alle Konzepter von Events einladen, sich über die Kostüme bei der Veranstaltung Gedanken zu machen. Die Originalkostüme sollten die Akteure möglichst vor der Generalprobe anziehen und ausprobieren. Auch wenn die Akteure bei ihrem Auftritt Kleidungstücke aus ihrem privatem Schrank angezogen haben, so sind das doch Kostüme, die zum Konzept beitragen und etwas erzählen. Fragen wie: mit oder ohne Krawatte, Jackett ja oder nein,

Hemdfarbe, Hemdärmel hochkrempeln, Sportschuhe oder klassische, sollten auf jeden Fall beantwortet werden. Jeweils für den einzelnen Akteur, aber auch im Hinblick auf das Gesamtbild.

Wiederholt haben wir gestreifte Hemden vor gestreifter Wand bei einer digitalen Veranstaltung erlebt, ein Grauen für die Zuschauer; oder zu kurze Strümpfe bei einer Talk-Runde. Verhindert das!

Proben
Im Theater beträgt die Probenzeit für ein Schauspiel, Musical oder eine Oper ungefähr sechs bis acht Wochen. Bei einem Theaterstück sitzen die Schauspieler zunächst am Tisch. Man verständigt sich mit dem Regisseur und Dramaturgen, was das Stück, die Rolle erzählen soll, dann wird am Text gefeilt und auswendig gelernt. Dabei werden Abläufe, Auf- und Abtritte, Handlungen, Timing, Bewegungen, Mimik, Gestik, Verständlichkeit, Lautstärke, Emotionalität und die Rolle geprobt. Wiederholungen nehmen dann die meiste Zeit in Anspruch. Eine Probe ist in erster Linie Repetition, bis alles ganz neu, leicht, selbstverständlich und spontan wirkt, so als passiere alles gerade zum ersten Mal. Etwa zwei oder drei Wochen vor der Premiere gehen die Schauspieler mit einem Zwischenergebnis zum ersten Mal auf die Bühne, an den Ort, an dem die Aufführung später vor Zuschauern gespielt wird.

Zunächst im markierten Bühnenbild, etwas später dann im originalen Bühnenbild mit originalen Möbeln, originalen Requisiten, Kostümen, Licht, Technik und so weiter.

Meistens gibt es dann in der Woche, in der die Premiere stattfindet, zwei Hauptproben und eine Generalprobe. Wenn nicht alles total schiefläuft, unterbricht der Regisseur bei diesen Proben nicht mehr, es läuft alles ab, wie bei den späteren Aufführungen. Erst im Anschluss an die Probe gibt es Kritik für Schauspieler und die technischen Abteilungen, eventuell wird dann noch mal etwas wiederholt und/oder korrigiert. Nach der Generalprobe wird nichts mehr geändert, alte Theaterregel! Kleine Änderungen führen oftmals zu ungeahnten Auswirkungen, die plötzlich das Ganze beeinträchtigen, stören oder verunsichern.

Schließlich kommt die Premiere, die erste Aufführung vor Zuschauern, bei der möglichst nichts von wochenlanger Arbeit zu sehen ist, sondern alles ganz einfach läuft. Soviel zu Theaterproben.

Für ein Event wird immer zu wenig geprobt. Sprechende Akteure bei einem Event wirken oft entweder natürlich hilflos und suchend oder holzig und angelernt, overcoached, steif und gehemmt. Sprache, Gestik und Mimik wirken dressiert und eingeübt, nicht glaubwürdig, nicht überzeugend. Diese haben dann nicht etwa zu viel geprobt, sondern zu wenig! Erst wenn alles ganz selbstverständlich und natürlich wirkt, so als würde jetzt gerade erst der Text entstehen und zum ersten Mal gesagt werden, als hätte es nie eine Probe und Vorbereitung gegeben, erst dann wurde ausreichend geprobt. Es gibt niemanden, der nicht proben müsste, auch ein Genie braucht Proben. Selbst der große Meister der Präsentation Steve Jobs, hat *monatelang* seine Auftritte vorbereitet, an Text und Präsentationsfolien gearbeitet und so lang geprobt, bis er locker und souverän wirkte, was er nach eigener Aussage aber nie war. Man kann nicht zu viel proben, höchstens zu wenig und nicht effektiv. Nichts, was auf einer Bühne vor Anderen passiert, sollte dem Zufall überlassen werden, alles sollte mit Absicht passieren. Je genauer Verabredungen getroffen werden und der Rahmen gesteckt wird, in dem das Ganze passiert, desto größer ist die Souveränität und die Freiheit des Akteurs.

Wir formulieren hier mal den Idealfall, wie die Proben eines Events ablaufen sollten. Zunächst sind Texte, Reden, Gespräche, Diskussionen, Moderationsleitfaden und Bildpräsentationen, inklusive zugehöriger PowerPoint-Präsentation vorbereitet und fertig. Die Texte müssen nicht ausformuliert, aber in genauen Stichpunkten fixiert sein.

Im besten Fall geht der Regisseur mit den Akteuren die fertigen Texte und Bildpräsentationen auf einer „**Textprobe 1**" am Tisch sitzend durch, man korrigiert eventuell noch das eine oder andere, nach dieser Probe sollte nichts mehr geändert werden. Bei einer anschließenden „**Textprobe 2**", auch am Tisch sitzend, macht man dann einen chronologischen Ablauf der Veranstaltung von Anfang bis Ende.

Anschließend ist eine **Arbeitsprobe** zu empfehlen, auf der man Vorgänge klärt, Verabredungen trifft, inklusive Auf- und Abtritte, Positionen, Vorgänge, alle Texte und Präsentationen, Medieneinspielungen und Musikeinsätze. Ein möglichst chronologischer Ablauf der Veranstaltung mit allen Programmpunkten, Texten und Akteuren, entweder im Original-Bühnenbild oder aber auf einer markierten Probebühne. Die letzte Probe ist dann die **Generalprobe,** die genauso ablaufen sollte wie die Veranstaltung. Hier sollte niemand unterbrechen. Kritik und Korrekturen können im Anschluss stattfinden, Änderungen sollten nicht mehr vorgenommen werden. Wie gesagt, das ist ein altes Theatergesetz, das sich bewährt hat. Ein anderes Gesetz lautet übrigens: Kritisiere nie die Kollegen! Daran sollten sich alle Akteure halten. Auch gut gemeinte Ratschläge an den Kollegen sollten sich verbieten. Soviel zum optimalen Probenablauf eines Events. Die Wirklichkeit ist davon leider weit entfernt. Meistens betonen alle Mitwirkenden und Verantwortlichen, wie wichtig die Veranstaltung ist, leider hat aber niemand Zeit zu proben.

Weißt du, wie das wird? – Epilog

6

„Weißt du, wie das wird?", fragen die Nornen in Richard Wagners Oper „Götterdämmerung", spinnen dabei die Schicksalsfäden, wie soll es mit den Menschen weitergehen? Die Frage, wie es mit Live-Kommunikation, mit Events weitergehen soll, steht im Zentrum dieses Nachworts. Die Antwort auf diese Frage verrät uns nicht der Blick in die Kristallkugel, sondern die Auswertung dessen, was offensichtlich ist.

Konnektivität/Digitalisierung
Der wirkungsmächtigste wirtschaftliche und gesellschaftliche Megatrend unserer Zeit ist Konnektivität. Die digitale Kommunikationstechnologie veränderte die Eventbranche grundlegend. Digitale Technologien sind mittlerweile fester Bestandteil der Kommunikation, auch von Veranstaltungen. Alle Verantwortlichen einer Veranstaltung beschäftigen sich in der Vorbereitung mit den drei Kernfragen: **Warum** gibt es die Veranstaltung? **Was** ist die Geschichte? **Wie** setzen wir das Ganze um? Bei Planung und Umsetzung eines Events spielen Themen der Sicherheit und Gesundheit eine große Rolle und es stellt sich verstärkt die Frage: Machen wir die Veranstaltung digital, hybrid oder analog? Digitale Konferenzen, Meetings, Tagungen, Seminare, Messen und Events funktionieren gut, wenn es hauptsächlich um Sachthemen und Wissenstransfer geht. Digitale Formate haben ökonomische, logistische, organisatorische und ökologische Vorteile, sie sparen beispielsweise Zeit und Kosten bei Reisen und Übernachtung. Stehen multisensuales Erlebnis, informelle Beziehungen, Zusammenarbeit, fachlicher und menschlicher Austausch, Kennenlernen, vertiefende Begegnungen, „Wir-Gefühl" und Feiern im Vordergrund, dann ist eine Präsenzveranstaltung klar im Vorteil. Auch eine Kombination von beiden Formaten, eine Hybrid-Veranstaltung, kann sinnvoll sein, bei der einzelne Mitwirkende und Teilnehmer digital zu einer Präsenzveranstaltung dazugeschaltet werden.

© Springer Fachmedien Wiesbaden GmbH, ein Teil von Springer Nature 2023   49
D. Altenbeck und S. Luppold, *Inszenierung und Dramaturgie für gelungene Events*,
essentials, https://doi.org/10.1007/978-3-658-40356-0_6

Ein weiterer Trend im Bereich der Live-Kommunikation ist deutlich erkennbar: Kultur-, Entertainment- und Eventveranstaltungen finden seit vielen Jahren verstärkt im kleinen Rahmen, in reduzierter Form statt. Beispielsweise gibt es für die Teilnehmer großer Kongresse parallel zum Plenum oftmals viele individuell wählbare Angebote in kleineren Formaten: ein Impulsvortrag auf kleiner Bühne, ein Workshop mit wenigen Beteiligten oder eine Diskussion in intimer Runde. Konzertveranstalter und Theater spielen seltener im großen Saal, dafür häufiger an kleinen Neben- und Außenspielstätten, mit weniger Zuschauern, dafür aber näher dran am Geschehen, unmittelbar und direkt. Kammermusik im Foyer, Theaterstücke in der Kantine oder im Theatercafé, Theaterwanderungen und Konzerte im Stadtpark, Lesungen und Liederabende in den Wohnungen der Bürger der Stadt sind zum Beispiel beliebte Formate. Der Trend zeigt den Wunsch vieler Menschen nach dem Besonderen und Einzigartigen, nach Individualität, Singularität und Authentizität. Eine Veranstaltung soll echt, ehrlich, glaubwürdig und relevant sein und Resonanz ermöglichen.

Ein weiterer treibender Megatrend mit großer Auswirkung auch für Events ist die Neo-Ökologie, auch die blaue Ökologie genannt, das Thema Nachhaltigkeit.

Nachhaltigkeit

Der Lebensraum und die Lebensqualität der kommenden Generationen sind akut gefährdet.

Daher liegt es in unserer Verantwortung, ökologisch, ökonomisch und sozial bewusst mit dem Planeten Erde, seinen endlichen Ressourcen und seiner Biodiversität umzugehen. Ein nachhaltiges Handeln sollte selbstverständlich und implizit sein, also nicht extra erwähnt werden müssen.

Was heißt das nun für Konzeption, Planung, Umsetzung und Inszenierung einer Veranstaltung? Das Format einer Veranstaltung bedingt den ökologischen Fußabdruck, was hauptsächlich mit der durch Reisen verursachten CO_2-Emission zusammenhängt. Beim Vergleich aktueller Emissionswerte hat der vollbesetzte Bus die beste Umweltbilanz. Danach folgen Bahn, PKW und Flugzeug. Flüge sollten möglichst vermieden, zumindest reduziert, zur Not kompensiert werden. Eine Veranstaltung in digitalem Format vermeidet am meisten CO_2, da für Crew, Akteure und Teilnehmer größtenteils die Reisewege wegfallen. Bei hybriden Veranstaltungen wird der Verbrauch durch den teilweisen Wegfall von Reisen zumindest reduziert. Die Live-Veranstaltung verursacht den höchsten CO_2-Ausstoß.

Zu den konzeptionellen, künstlerischen und logistischen Überlegungen eine Veranstaltung betreffend kommt verstärkt der Aspekt der Nachhaltigkeit hinzu.

Ein Event muss gesellschaftliche Werte stärken, Haltung zeigen und enkelfähig sein, generationsübergreifend nachhaltig. Kreative und mutige Umsetzungen sind dabei gefragt. Weitere Fragen, die sich zu diesem Thema stellen: Können wir für unser Catering regionale, saisonale Produkte aus biologischem Anbau verwenden? Wie viel Fleisch wollen wir anbieten, ist es aus artgerechter Tierhaltung? Können wir Plastik, Verpackungen und Abfall vermeiden? Wie gehen wir mit dem Müll um? Können wir nach der Veranstaltung übriggebliebenes Essen, Lebensmittel oder Dinge an umliegende Vereine, soziale Einrichtungen und gemeinnützige Organisationen verschenken? Können wir regionale Dienstleister einbinden, mit kurzen Anfahrtswegen? Können wir Leih- und Sharing-Systeme nutzen? Können wir das Drucken und den Postversand von Einladungen und Reiseunterlagen vermeiden und stattdessen digital anbieten? Können wir Bühnenbauten, Raum- und Deko-Elemente ausleihen oder zumindest aus umweltfreundlichen und wiederverwendbaren Materialien herstellen?

Man muss kein Prophet sein, um vorhersagen zu können: Zukünftig wird es weniger Geschäftsreisen geben, weniger große Messen, weniger Großveranstaltungen, weniger Präsenzveranstaltungen. Stattdessen mehr Digitalveranstaltungen, mehr Hybrid-Veranstaltungen, mehr kleinere, dann vor allem analoge Veranstaltungen. Die Kundenwünsche im Hinblick auf Neo-Ökologie und Nachhaltigkeit werden größer, die Kennzeichnung als „Green Event" immer wichtiger. Auch der noch unterschätzte Trend der Alterung der Gesellschaft wird in der Eventbranche Veränderungen bewirken. Sich jetzt auch mit diesem Thema zu beschäftigen, kann neue Möglichkeiten schaffen.

m.next

Zum Abschluss erlauben wir uns zwei Hinweise in eigener Sache: Die Welt ist immer im Wandel. „Wandel" – eines der Buzzwords des 21. Jahrhunderts. „Die einzige Konstante im Leben ist die Veränderung", sagte Heraklit bereits vor 2500 Jahren. Unsere Lebens- und Arbeitswelt verändert sich zurzeit aber rasant, die Aufgaben sind größer und dringlicher denn je.

marbet, Marion & Bettina Würth GmbH, die Agentur für Live-Kommunikation, bietet zusätzlich zum gewohnten Agenturgeschäft Kunden einen Raum, um auf die komplexen Veränderungen zu reagieren und zu agieren. Ihre Denkwerkstatt m.next, die Detlef Altenbeck leitet, ermöglicht dem Kunden Resonanz, in Form von Gesprächen und Workshops und dem gemeinsamen Erarbeiten von Strategien und Lösungen. Sie wird dabei unterstützt von einem interdisziplinären Netzwerk aus Vordenker*innen.

Abb. 6.1 Toyota C-HR Festival im Kaufhaus Jandorf Berlin. (Quelle: Agentur marbet)

Kernbereiche der Denkwerkstatt sind New Work, Arbeitskultur und -räume und angrenzende Themen wie demografischer Wandel, Nachhaltigkeit und Mobilität. m.next folgt keiner vorher festgelegten Methode. Wirksamkeit ist das Ziel (Abb. 6.1).

Weitere Informationen dazu und zum monatlich erscheinenden m.next Podcast findet ihr auf der Homepage: m-next.marbet.com

Wenn ihr Fragen habt, dann meldet euch einfach bei Detlef Altenbeck unter: detlef.altenbeck@marbet.com

Detlef Altenbeck ist Dozent im Studiengang „BWL – Messe-, Kongress- und Eventmanagement an der Dualen Hochschule Baden-Württemberg (DHBW)" in Ravensburg; marbet – die Agentur für Live-Kommunikation – ein langjähriger dualer Partner. Professor Stefan Luppold leitet diesen Studiengang. Eng und erfolgreich miteinander verbunden profitieren Hochschule und Agentur voneinander. So ist beispielsweise sichergestellt, dass aktuelle, praxisrelevante Inhalte vermittelt werden.

Bei Fragen zum Studium, zu Forschungsaktivitäten oder weiterer Fachliteratur ist Prof. Stefan Luppold ansprechbar: luppold@dhbw-ravensburg.de.

Stay hungry, stay foolish! Wir enden mit einem Zitat von Berthold Brecht aus seinem Theaterstück „Der gute Mensch von Sezuan": „Wir sehn betroffen. Den Vorhang zu und alle Fragen offen."

Was Sie aus diesem *essential* mitnehmen können

- Verständnis für die Bedeutung von Inszenierung, Dramaturgie und Storytelling im Zusammenhang mit Marketing-Events
- Relevante Handlungsfelder zur Sicherstellung von wirkungsvollen Veranstaltungen
- Hinweise auf klassische, historische Gesetze und Regelungen
- Sicherheit im Umgang mit Herausforderungen von Rhetorik und Narration
- Orientierung und Hilfestellung bei der Vorbereitung und Durchführung von Events

© Springer Fachmedien Wiesbaden GmbH, ein Teil von Springer Nature 2023
D. Altenbeck und S. Luppold, *Inszenierung und Dramaturgie für gelungene Events*,
essentials, https://doi.org/10.1007/978-3-658-40356-0

Literatur (verwendet und weiterführend)

Aristoteles (2019): Rhetorik. Stuttgart: Reclam.

Aristoteles (1994): Poetik. Stuttgart: Reclam.

Artaud, A. (1995): Das Theater der Grausamkeit. Erstes Manifest (1932). In: Brauneck, M. (Hrsg.): Theater im 20. Jahrhundert. Hamburg: Rowohlt, o. S.

Brook, P. (2009): Der leere Raum. Berlin: Alexander Verlag.

Campbell, J. (2011): Der Heros in tausend Gestalten. Berlin: Insel Verlag.

Dinkel, M.; Luppold, S.; Schröer, C. (Hrsg.) (2021): Handbuch Messe-, Kongress- und Eventmanagement (2. Aufl.). Berlin: Duncker & Humblot.

Ernst, N.; Luppold, S. (2021): Raumwirkung in Eventlocations. In: Ronft, S. (Hrsg.): Eventpsychologie. Wiesbaden: Springer. S. 493–512.

Etzold, V. (2019): Der weiße Hai im Weltraum (2. Aufl.). Weinheim: Wiley.

Fuchs, W.T. (2021): Crashkurs Storytelling (3. Aufl.). Freiburg: Haufe Lexware.

Fuchs, W.T. (2017): Warum das Gehirn Geschichten liebt (4. Aufl.). Freiburg: Haufe Lexware.

Fuoti, J.; Johnson, L. (o. J.): Story Juice. O. O: o. V.

Gatterer, H. (2020): Ich mach mir die Welt. Wien: Molden.

Goetz, R. (2002): Jeff Koons. Frankfurt am Main: Suhrkamp.

Graf, M.; Luppold, S. (2018): Event-Regie. Wiesbaden: Springer.

Gundlach, A. (2013): Wirkungsvolle Live-Kommunikation. Wiesbaden: Springer Gabler.

Haag, P.; Luppold, S. (2020): Zielgruppenorientierte Veranstaltungskonzeption. Wiesbaden: Springer.

Isaacson, W. (2011): Steve Jobs. München: Bertelsmann.

Jung, C.G. (2018): Archetypen. Ostfildern, Patmos Verlag

Kleine Wieskamp, P. (2019): Visual Storytelling im Business. München: Hanser.

Kleine Wieskamp, P. (Hrsg.) (2016): Storytelling: digital, multimedial, social. München: Hanser.

Lohrisch, K.; Luppold, S. (2021): Event-Protokoll. Wiesbaden: Springer.

Merkwitz, R.; Rübner, W. (2014): Alles nur Theater!?. Sternenfels: Wissenschaft & Praxis.

Mikunda, C. (2016): Marketing spüren. Willkommen am Dritten Ort (4. Auflage). München, Redline.

Pine, P.J.II; Gilmore, J.H. (2019): Experience Economy. Boston: Harvard Business Review Press.

Precht, R.D. (2015): Erkenne die Welt: Geschichte der Philosophie I. München: Goldmann.

© Springer Fachmedien Wiesbaden GmbH, ein Teil von Springer Nature 2023
D. Altenbeck und S. Luppold, *Inszenierung und Dramaturgie für gelungene Events*, essentials, https://doi.org/10.1007/978-3-658-40356-0

Reynolds, G. (2013): Zen oder die Kunst der Präsentation. Heidelberg: dpunkt verlag.

Rupp, M. (2016): Storytelling für Unternehmen. Frechen: mitp-Verlag.

Sammer, P. (2014): Storytelling. Die Zukunft von PR und Marketing. Heidelberg: O'Reilly.

Schäfer-Mehdi, S. (2009): Eventmarketing (3. Aufl.). Berlin: Cornelsen.

Scheck, D. (o.J.): Schlussbemerkung in einigen seiner literarischen Sendungen.

Seda, R. (2008): Interactive Storytelling im Computerspiel. Glückstadt: vwh.

Sinek, S. (2014): Frag immer erst: Warum. München: redline.

Vogler, C. (2018): Die Odysee der Drehbuchschreiber, Romanautoren und Dramatiker. Berlin: Autorenhaus Verlag.

Zanger, C. (Hrsg.) (2019): Events und Messen im digitalen Zeitalter. Wiesbaden: Springer.

Printed in the United States
by Baker & Taylor Publisher Services